KB128966

직업재활 현장 에세이

느린 혁명

직업재활 현장 에세이

느린 혁명

김정일
정현주
조경은
문지영
김지혜
하라희
이성하
심은애
김학천
송미연
이명진
공 저

학지사

이 책은 직업재활 현장에서 올바른 가치관을 가지고 마땅히 해야 할 일들을 스스로 알고 찾아 만들어 가는 현장 전문가들의 에세이다. 7~22년까지의 직업재활 현장 경력을 가진 실무자들의 살아 숨쉬는 현장 이야기로, 장애인재활상담사 11명의 진솔한 이야기가 담겨 있다.

직업재활을 공부하는 대학생들이 이 책을 읽으면서 미리 현장을 이해하고 준비하고 경험할 수 있으면 좋겠다. 직업재활 관련 직종에서 일하는 실무자들에게는 자신의 일을 하면서 장애인 이웃과 어떻게 관계해야 하는지를 안내하는 길잡이가 되고, 장애인 가족들에게는 지역사회와 행복하게 공존할 수 있는 물음표가 되었으면 한다.

11명의 작가는 수년 동안 현장에서 일하면서 사람을 사람답게 돕고, 지역을 지역답게 돕는 철학을 가진 전문가가 되었다. 하지만 이들이 이런 전문가가 되기까지는 많은 좌충우돌이 있었고, 실패가 있었으며, 소진이 있었다. 이런 상황에서 우리를 성장할 수 있게 만들어 준 것은 장애인 이웃이었다. 이들은 바로 우리가 제공하는 서비스의 고객이었다. 하지만 이 글의 주인공들은 이제 단순히 우리가 제공하는 서비스의 고객이 아니다. 이들은 우리의 이웃이자 친구이며 스승이 되었다. 인생의 어려움과 숙제를 같이 고민하고 풀어 가는 동반자이며 우리의 삶을 더욱 풍성하게 만들어 준 이웃이다.

우리는 일을 통해 이들과 만났다. 우리는 고객들이 직업을 통해 사회에 참여할 수 있도록 지원하는 업무를 자원했다. 먹고 살기 위해서……. 하지만 이들은 우리에게 그 무엇으로도 살 수 없는 많은 것을 선물했다. 우리는 장애인 이웃과 만나 울고 웃고 행복해했다. 때로는 이들로 인해 버거울 만큼 힘들었고, 때로는 이들로 인해 참으로 행복했다. 우리 사회에서는 장애인과 비장애인, 가난한 사람과 부자, 권력을 가진 자와 약자를 불문하고 남녀노소 누구나 행복을 보장받아야 한다. 이 행복은 특정 집단이 일방적으로 제공하는 것이 아니다. 양극단에 있는 집단이나 중간 집단, 즉 사회의 모든 구성원이 서로 제공하는 것이다. 이 글의 작가들과 주인공들은 서비스 제공자와 대상자로 만났지만 서로의 아픔과 행복뿐 아니라 많은 것을 교환했다. 장애인재활상담사들이 현장에서 장애인 이웃과 만나 얼마나 따뜻한 시간을 보냈는지 독자들에게 그 마음이 전달되기를 바란다.

2020년
저자 일동

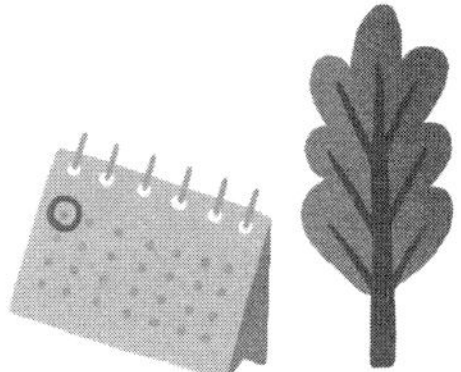

프롤로그

작가 모집에서 출판까지

2019년 7월에 책을 읽다가 문득 글을 써야겠다는 결심을 했다. '매일같이 쏟아지듯 나오는 책들을 누가 읽을까? 굳이 이런 반열에 내가 낄 필요가 있을까? 1년에 나무 한 그루도 심지 않으면서…….' 이런 생각을 했던 내가 갑자기 책을 쓰고 싶어졌다. 우리나라에서 직업재활 학문은 1988년 대구대학교에 직업재활학과가 생기면서 시작되었다. 직업재활의 역사가 30년이 되었지만 아직 대중이나 전공 학생들이 읽을 만한 에세이 한 권이 없다. 그래서 무작정 '직업재활 현장 에세이'를 쓰고 싶었다. 직업재활 현장에서 올바른 가치관을 가지고 마땅히 해야 할 일들을 스스로 알고 찾아 만들어 가는 현장 전문가들의 에세이 말이다.

작년에도 책을 출판하고 싶다는 생각이 있었으나 실천하지는 못했다. 그래서 이번에는 여럿이 함께 쓴다면 가능하지 않을까 하는 단순한 생각으로 빨리 행동에 옮겨 '직업재활 현장 에세이' 출판을 위한 작가 모집을 시작했다. 우선 작가의 조건에 대해 고민했다. 첫 번째 조건은 현장 실무자다. 즉, 현장에서 직접 장애인 당사자들을 만나고 그들의 욕구와 해결책을 함께 고민하며 서비스를 제공하는 사람 말이다. 두 번째 조건은 현장 경력이 5년 이상인 사람이다. 어느 분야에서든 전문가 반열에 오르기 위해서는 1만 시간 동안 꾸준히 노력해야 한다는 법칙이 있다. 1일 중 8시간을 근무했을 경우, 1만 시간의 법칙에 따라 5년의 경력은 전문가 반열에 들어가는 시간이다. 세 번째 조건은 사람을 사람답게 돕는 철학을 가진 사람이다. 사실 세 번째 조건이 가장 중요했다. 책의 내용이 '직업재활 현장 에세이'이기 때문에 장애인재활상담사(구 직업재활사), 즉 대학에서 직업재활을 전공한 현장 실무자를 중심으로 작가를 모집했다. 세 번째 조건이 가장 중요했기 때문에 작가를 섭외하는 데 상당한 고민이 있었다.

생각보다 쉽게 12명의 작가가 섭외되었다. 평소 알고 지내던 현장 실무자들 중에서 작가의 조건에 해당된다고 판단되는 사람들과 통화를 시작했다. 출판의 취지와 내용에 대해 전달하고 섭외한 이유를 설명했을 때 대부분의 실무자는 공감했고 함께 하고 싶어 했다. 다만, 업무적으로 여유가 없거나 글을 써야 한다는 부담감 때문에 많은 사람이 거절했다.

책을 출판해야겠다고 마음먹은 지 한 달 후쯤인 2019년 8월 2일에 단체 카톡방을 만들었다. 카톡방에서 글쓰기의 취지와 방법, 일정, 출판, 인세 배분 등에 대해 설명하고 의논했다. 대부분의 작가가 글의 주제를 정하지 못한 상태였지만 8월 말 또는 9월 초까지 초안을 작성해서 편집장에게 보내기로 했다.

작가들이 전국에 흩어져 있기 때문에 부산 지역을 제외하고는 오프라인 모임을 갖는 것이 어려웠다. 나는 작가들과 전화로 어떤 내용의 글을 쓰고 싶은지 이야기를 듣고, 글의 주제 선정과 내용 구성을 도왔다. 작가들과 소통을 하면 할수록 이분들이 사업은 진짜 잘하는데 글쓰기는 어려워한다는 사실을 깨닫게 되었다. 또한 직업재활학과가 문학사가 아니라 이학사라는 것도 말이다. 글쓰기를 너무 쉽게 생각했다. 겁도 없이 이과 전공자들에게 글쓰기를 강요한 것이다. 하지만 이 작가들이 비록 글쓰기는 서툴러도 장애인들을 만나 일하는 태도와 방식에 있어서는 전문가임이 분명했기 때문에 이 에세이가 큰 감동을 줄 수 있을 것이라는 확신이 있었다. 그리하여 각자만의 입장에서 자신만의 잣대로 주관적인 글을 써 달라고 요청했다.

작가들이 글을 써서 초안을 주면 양해를 구하고 '빨간펜'을 들었다. 원고 마감일은 9월 9일로 잡았다. 다행히 9월 10일까지 6명의 작가가 초안을 보냈다. 개인적인 사정으로 1명이 글쓰기를 포기했고, 2명은 다음 해 1월에야 초안을 보냈다.

초안이 입고되면 적게는 2차 검토, 많게는 7차 검토와 수정을 거쳐 최종 원고를 입고했다. '빨간펜'을 많이 들었기 때문에 작가들이 힘들었을 것이다. 나도 참 힘들었지만 작가들의 글을 읽고 검토하면서 무척이나 행복했다.

마지막 과정은 책의 제목을 정하는 것이었다. '직업재활 현장 에세이'를 쓰자고 했으니 이 글의 내용과 잘 어울리는 책의 제목이 필요했다. 그래서 '느린 혁명'으로 하면 어떨까 생각했다. 우리 고객들이 살아가는 사람살이가 바로 느린 혁명이라고 생각했기 때문이다. 느리지만 혁명과 같은 삶의 이야기, 느리지만 분명하게 앞으로 나아가는 것이 인생이다. 뒷걸음 좀 치면 어떠한가! 잠시 머물러 있으면 또 어떠한가! 사람이 살아가는 것이 인생이다. 나만의 방식대로 살아가는 것이 인생이다.

성공이란 무엇일까? 내가 생각하는 성공이란 '하고 싶은 일을 계획하고 그 일을 실천하는 과정'이다. 2019년 7월에 출판을 기획하고, 작가들을 모집해 그해 9월부터 다음 해 1월까지 초안을 작성했으며, 2020년 5월까지 원고 검토와 수정 작업을 한 후 5월에 출판을 의뢰했다. 이 책이 출판되어 대박을 터뜨리는 것이 목표가 아니라 이 책의 출판과 과정 자체가 나에게는 성공인 것이다.

지금 생각해 보면 글을 써 본 경험이 없는 작가들을 섭외하여 글쓰기를 한 것이 무모한 도전이었다. 참으로 힘들었지만 나는 확신한다. 이 글쓰기 과정이 우리에게 행복한 도전이었고, 앞으로 이 글이 우리를 더 행복하게 만들어 줄 것이라고…….

2020년 11월

글쓰기 주선자 김정일 올림

직업재활 현장 에세이

01

소리 없는 외침

정현주 글

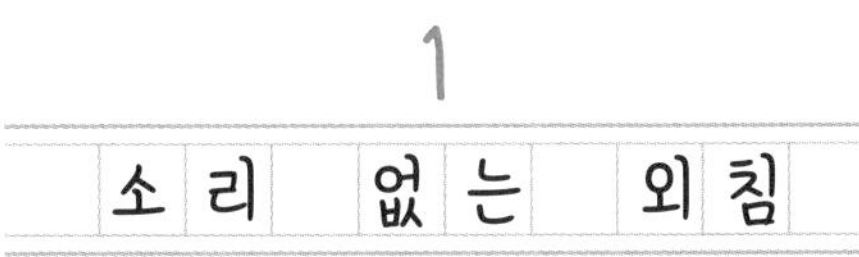

1 소리 없는 외침

장애인재활상담사로 현장에서 일해 온 시간들을 돌아볼 때면 지금은 서른 두 살의 청년이 된 태윤이가 생각난다.

태윤이는 '겉으로 드러나는 것에 집중하던 어린 장애인재활상담사'인 나를 사람의 내면의 소리와 변화를 깊이 들여다볼 줄 아는 '사람에게 집중하는 청년 재활상담사'로 성장할 수 있도록 도와준 현장의 선생님이다.

지금 태윤이는 11년의 직업훈련과 직장생활을 잠시 내려놓고 장애인복지관에서 여가활동에 참여하며 지내고 있다. 보호작업장에서 근무하던 태윤이는 한 보조 선생님을 무척 의지하고 따랐는데, 그 선생님이 퇴사를 하면서부터 일에 흥미를 잃기 시작했다. 그래서 그는 보호작업장을 퇴사하였다. 태윤이에게 의미

있는 소통을 할 수 있는 사람이 있다는 것이 얼마나 중요한지 우리는 감히 상상하기 어렵다. 그는 자폐성장애를 가지고 있는 청년이다.

만남

그를 처음 만난 것은 그가 고등학교 2학년 때!

고등학교 졸업 후 진로 준비 상담을 받기 위해 내가 근무하는 직업지원센터를 찾아왔다. 그렇게 그와의 첫 만남이 시작되었다.

그는 금방 커트를 한 듯 짧은 스포츠형 머리에 이목구비가 뚜렷했고 늘씬한 몸매로 물 빠짐이 멋스런 청바지에 잘 어울리는 티셔츠를 입고 방문을 했다.

쇼핑이나 구경하는 것을 좋아해 학교 수업이 끝나면 혼자 대형마트나 백화점에 들러 구경을 하다가 집에 가는 것이 그의 일상이다. 전단지나 광고판 보는 것도 무척 좋아한다. 여러 가지 물건 중에 다른 것을 아주 잘 찾아서 퍼즐을 잘하고 즐긴다. 동전으로 다양한 모양을 만들거나 일정한 규칙으로 나열하는 것 또한 즐기고 집중한다.

그가 그다지 좋아하지 않는 것이 있다면 타인과의 신체 접촉!

화가 나거나 무언가 하기 싫을 때면 언어 표현보다는 양손으로 귀를 막으며 '으으' 소리를 반복해서 내거나 발을 동동 구르기도 하고, 상대방의 손이나 팔을 힘주어 잡는 등의 행동으로 어떻게 보면 말이 서툰 어린아이처럼 자신의 의사를 표현한다.

언어 표현보다는 행동으로 자신의 욕구나 감정을 표현하는 것이 다반사지만 취업과 관련해서는 "취업하고 싶어요."라고 자신의 의사를 분명하게 밝힐 줄 알았다.

 직업평가와 직업재활 계획

그가 고등학교를 졸업하고 취업을 준비할 때 우리는 다시 만났다. 그의 흥미와 적성 분야를 알아보기 위해 직업평가를 함께 했다. 그의 직업평가 결과 강점을 요약하면 다음과 같다.

- 손재주가 뛰어나 물건을 조립하고 다루는 기술이 무척 좋다.
- 단기 기억력이 매우 좋고 시각-운동 협응력이 아주 뛰어나다.
- 균형감각 능력이 우수하고 양손으로 물건을 조작하는 속도가 상당히 빠르다.
- 자신의 나이보다는 어리지만 12살 정도의 수용언어 능력을 가지고 있어 일상적인 언어적 설명을 잘 이해한다.
- 물건의 미세한 촉감 차이를 구별하는 능력이 매우 뛰어나다.

◑ 초등학교 6학년 정도의 일상생활 및 사회생활 적응 능력을 가지고 있다.
◑ 과제를 주면 집중하여 끝까지 하는 책임감이 강하다.
◑ 제한된 시간 안에 해야 하는 과제를 다른 사람보다 더 많이 완성하고 싶어 한다.

직업평가를 통해 그의 약점도 들여다볼 수 있었다.

◑ 이해하고 있는 언어나 어휘 능력에 비해 타인과 의미 있는 의사소통이 어렵다.
◑ 동료나 후배, 상사 등과 사회적 관계를 형성하는 데 어려움이 있다.
◑ 사회적 상황에 대한 흐름을 이해하지 못해 대처하는 데 어려움이 있어 적절한 지원이 필요하다.
◑ 타인이 보기에 의미 없는 웃음과 혼잣말을 한다.
◑ 자기가 정해 놓은 규칙이 있어 주어진 단위과제 수행 속도가 느리다.

태윤이와 한 달의 시간을 함께하며 관찰과 상담을 하고, 여러 가지 직업 능력을 알아보기 위한 검사 결과들을 토대로 훈련을 담당할 재활상담사들과 태윤이, 그리고 그의 어머니와 함께 모였다.

“취업하고 싶어요.”라고 말하는 태윤이가 원하는 미래에 다가가기 위한 직업재활서비스 계획을 함께 세우기 위해서……. 그가 평소 즐겨하는 퍼즐, 같거나 다른 것 찾기와 같은 그의 능력을 최대한 발휘할 수 있다고 여긴 제조업 분야의 '조립원' '검수원' 직무로의 지원고용을 최종 목표로 세웠다.

취업 준비를 위한 작업 습관 형성, 현장 체험, 현장 실습, 그리고 직업 인식 교육과 사회 예절 익히기 등의 장단기 목표를 세워 본격적인 훈련에 들어갔다.

세상

태윤이가 취업을 준비하면서 부딪힌 것 중 하나가 구내식당 이용이다.

우리는 이 세상의 주류이며, 다수가 정해 놓은 사회의 틀에 맞추어 살아가는 것을 요구받는다. 자신이 속한 사회에서 그 사회가 기대하는 행동 양식과 규범, 가치 등을 학습하면서 사회 구성원으로서 적응하고 성장하고 발전해 간다. 태윤이의 식사 습관은 우리 사회가 기대하는 행동 양식이나 규범과는 조금 거리가 멀 수 있다. 타인에게 직접적인 피해를 주지 않지만 말이다.

우리가 이용하는 구내식당의 식기는 흔히 볼 수 있는 단체 급식용 플라스틱 식판이다. 그는 식사를 한 후 음식을 담았던 식기가 음식을 담기 전과 동일하기를 원한다. 그래서 그가 선택한 방법은 음식물이 묻은 식판을 혀로 핥는 것이다.

식판을 혀로 핥아 깨끗하게 하지 못하면 속상한 태윤이.

그는 함께 식사하는 동료의 식판까지도 깨끗하기를 바란다.

그가 식사를 마친 동료의 식판을 바라보는 표정을 보면 그것을 느낄 수 있다. 그의 표정은 안타까움이 들 정도로 애처롭기까지 하다. 다행히 태윤이는 동료의 식판을 핥지는 않는다.

그의 이런 식습관이 생긴 지는 꽤 오래되었다. 그가 학교를 졸업할 때까지는 이것이 크게 문제가 되지는 않았던 것 같다. 하지만 지금은 다르다. 그가 취업 준비를 위해 다니고 있는 센터나 그가 현장 실습에 참여하여 취업하고자 하는 회사는 수백 개의 사업체가 있는 아파트형 공장에 위치하고 있고, 수많은 근로자가 구내식당을 함께 이용하기 때문이다. 결국 구내식당을 함께 이용하는 사람들 중 일부 사람들이 식당 영양사에게 불편함을 호소하기 시작했다.

"왜 장애인이 여기서 밥을 먹나요?"

"선생님은 왜 식사 예절을 교육하지 않지요?"

"비위가 상해서 함께 밥을 못 먹겠어요."

"다른 데에서 먹게 하면 좋겠어요."

식당 영양사로부터 구내식당을 이용하는 고객들의 민원이 있다는 전화를 받고 구내식당으로 향하며 나는 생각했다.

'영양사가 조금이라도 차별적 입장을 취한다면 국가인권위원회에 진정서를 제출하리라.'

다행히 영양사는 객관적인 입장에서 다른 고객들이 불편하게 느낀 점을 전해 주었고, 식당 운영자 입장에서 무엇을 도와주면 좋을지 고민을 털어놓았다. 내가 괜한 피해 의식을 가지고 있었던 것이 아닌가 하는 미안함이 밀려 왔다. 나는 영양사에게 우리 기관에서도 태윤이와 의논하여 식당을 이용하는 고객들의 불편함을 최소화할 수 있도록 고민하고 방법을 찾아보겠다는 말을 전했다.

태윤이와 상담을 통해 현재 상황을 알리고 함께 노력할 수 있는 것이 무엇인지 이야기를 나누었다. 그래서 숟가락으로 남은 음식과 국물을 먹을 수 있는 만큼 먹고 혀로는 핥지 않기로 목표를 세웠다. 하지만 쉽지 않은 길!

식판에 남아 있는 양념과 아주 조금 남아 있는 국물을 바라보는 태윤이의 표정은 정말 안쓰럽다. '아! 저 국물을, 저 양념을 핥아서 그릇을 깨끗하게 해야 하는데…….' 속상해하면서도 혀로 핥으면 안 된다는 마음속 갈등이 보인다. 미안하리 만치……. 그러다가 혀로 핥고…….

그렇게 식습관 훈련을 하다가 결국 일이 벌어졌다.

태윤이가 식사지원을 하던 담당 재활상담사의 양손을 잡고 손목을 세게 꺾는 소동이 벌어진 것이다. 사무실로 연락이 와서 나는 급히 남자 선생님과 함께 식당으로 달려갔다. 남자 선생님은 도착하자마자 태윤이의 양손을 잡고 담당자를 분리시켰다. 화가 난 태윤이는 선생님의 팔을 세게 물었다. 얼마나 세게 물었는지 이빨 자국 위로 피가 송글송글 맺혀 올라왔다.

매일 반복되는 식사 시간에 태윤이가 하고 싶고, 또 해야 한다고 생각하는 것을 못해서 참다 참다 폭발했으리라. 그것을 알면서도 나는 태윤이에게 "태윤아, 식판을 깨끗하게 하고 싶은데 못해서 속상하지? 지금까지 잘해 왔어. 괜찮아, 괜찮아!"라는 말을 건네지 못했다. 그의 마음을 들여보지도, 토닥거리지도 못했다. 여느 사람처럼 '왜 안 될까? 뭐가 문제지?'라고 나 자신을 자책하며 태윤이의 변화되지 않는 행동에만 집중했다.

 교감

주말에 나는 태윤이와 몇몇 발달장애인 친구와 골프교실 동아리 활동을 함께했다. 동아리 활동이 끝나면 식당에서 함께 점심을 먹고 헤어졌다. 그날은 동아리 친구들이 모두 스파게티를 먹자고 제안했다. 유명한 스파게티 전문식당을 찾아갔다. 식당에 들어가기 전에 나는 태윤이에게 부탁을 했다.

"태윤 씨! 스파게티 먹을 때 숟가락과 포크로 먹고 혀로는 핥지 않았으면 좋겠어."

나를 가만히 바라보며 아무 말 없던 그와 동아리 회원들과 함께 스파게티를 먹었다. 나는 솔직히 태윤이에게 부탁은 했지만 큰 기대를 하지는 않았다. 그런데 스파게티 소스를 숟가락으로 소리가 날 정도로 긁어 먹은 태윤이가 숟가락을 식탁 위에 내려놓고 가만히 있는 게 아닌가?

태윤이의 입에서는 '으으' 소리가 작게 흘러나오고, 미간을 찌푸린 채 다 먹은 스파게티 접시를 뚫어질 듯 내려다보고 있었다. 태윤이의 참는 모습을 보며 어찌나 가슴이 뭉클하고 감격스러운지……. '핥지 말자. 핥으면 안 돼!'라며 태윤이의 마음속에서는 전쟁이 일어나고 있을 텐데 그것을 참고 있는 모습을 보며 나는 코끝이 찡했다.

식당을 나오며 나는 "태윤 씨, 오늘 내 부탁 들어줘서 정말 고마워!"라고 말했다. 나를 바라보는 그의 눈동자는 그날따라 정말 따뜻했다. 그러고는 그에게 "오늘 점심도 맛있게 잘 먹었는데 우리 근처 백화점에 구경할까요?" 하고 물었더니 "네!" 하고 대답한다. 그 순간 태윤이가 살짝 미소를 짓고 있음을 나는 보았다. 평소 쇼핑하는 것을 즐기는 그와 천천히 걸으며 백화점 의류 코너 구경을 했다. 나와 나란히 걷던 그가 어느새 나의 손을 슬며시 잡았다. 신체 접촉을 좋아하지 않는 그였기에 순간 놀랐지만 나는 그를 올려다보며 "태윤 씨, 손잡고 구경하고 싶구나?"라고 말을 건네고는 오누이처럼 한참 동안 손을 잡고 백화점 구경을 했다. 태윤이는 이 날 나와 '교감'이라는 것을 해 주었다. 자폐성 장애인에게는 참으로 어려운 그것을…….

나는 태윤이가 나의 부탁을 들어 주어 고마움을, 태윤이는 본인이 좋아하는 쇼핑을 함께함에 감사함을…….

변화

태윤이의 식당 이용 행동에 대한 노력은 계속되었다. 집에서 도시락을 싸 와서 점심을 먹기도 하고, 주문한 도시락을 사서 먹기도 하였다. 여느 다른 사람들처럼 자연스럽게 어울려 식사할 수 있는 그날을 기다리며 태윤이의 식습관 행동을 수정하기 위해 1년 그리고 또 1년을 함께했다.

1년 정도 시간이 지났을 무렵에 태윤이의 취업 준비 담당 김혜은 선생님이 나에게 이렇게 털어놓았다.

"팀장님, 왜 안 될까요? 이렇게 서로 노력하는데 왜 그대로일까요? 이제 정말 지쳐요. 접근 방법이 잘못된 것인지, 제가 부족한 것인지……."

그녀는 한숨을 내쉬었다.

그리고 그녀는 얼마의 기간 동안 태윤이와 함께 그의 취업 준비를 옆에서 지원하는 조력자로 지내다가 우리 센터를 퇴사하였다. 태윤이의 새로운 담당자로 남자 선생님(장애인재활상담사)이 입사하였다. 그렇게 시간이 흘러 센터에서 태윤이가 취업 준비를 시작한 지 만 4년이 지난 어느 날 구내식당에서 태윤이와 함께 점심을 먹었다. 그런데 식판을 핥지 않는 게 아닌가? 물론 식판에 건더기 음식은 하나도 남아 있지 않았다. 하지만 태윤이의 얼굴 표정은 여전히 조금 불편해 보였다. 그래도 식판을 끝까지 핥지 않았다. 그는 센터에서 훈련을 마치고 취업을 할 때까지 더 이상 식판을 혀로 핥지 않았다. 지금까지도…….

나는 김혜은 선생님을 만나 태윤이의 소식을 전했다. 눈을 동그랗게 뜨고는 "정말이요? 아…… 정말 잘됐다!"라고 말하며 좋아하는 선생님을 보면서 나 또한 얼마나 기쁘던지…….

깨달음

태윤이와 같은 발달장애인의 교육과 훈련을 담당하는 특수교사나 재활상담사들이 지치는 이유 중에 하나가 교육과 훈련을 하는 과정에서 장애인들의 변화가 보이지 않을 때다. 특히 비장애인들과 어울려 살아가는 동안에 문제행동이라고 일컬어지는 행동들을 수정해 나가는 과정에서 수개월에서 수년을 교육하고 지도해도 변화가 잘 보이지 않을 때 힘들고 지치고 자기 자신을 탓하며 자책을 하고는 한다.

하지만 나는 태윤이를 보며 깨달았다.

그의 식판을 핥는 선호행동은 아주 오래전부터 있었고, 가정에서는 엄마가, 학교에서는 특수교사가, 우리 센터에서는 여러 명의 재활상담사가 그의 행동을 수정하기 위해 노력했다는 사실이다. 그런데 마침내 23세 때 이 행동을 수정할 수 있었다. 행동이 변화된 그 당시 그의 취업 준비를 옆에서 지원했던 재활상담사는 그 누구보다도 기쁘고 큰 성취감을 느꼈을 것이다. 하지만 엄마, 특수교사, 그리고 취업 준비 과정 초기 2년을 함께했던 재활상담사의 노력, 무엇보다 태윤이의 노력이 없었다면 23세 때의 기적 같은 행동의 변화가 있었을까? 23세까지 그를 비롯하여 수많은 사람이 함께했기 때문에 가능한 일이었으리라. 겉으로 드러나지 않았지만 함께하는 시간 동안 내면에서 변화가 일어나고 있는 태윤이를 우리가 보지 못한 것이다. 우리가 너무 조바심을 내고 빨리 포기한 게 얼마나 많을까?

'우리가 이룬 것만큼 이루지 못한 것도 자랑스럽다'는 스티브 잡스의 명언을 기억한다. '이루지 못한 것' 그 안에는 태윤이, 그리고 그와 함께한 모든 사람의 노력이 들어 있고, 보이지 않는 내면의 변화가 담겨 있다.

태윤이가 취업 준비를 위해 센터에서 지내는 동안에 우리에게 순간순간 이렇게 외치고 있었던 것은 아닐까?

"선생님, 선생님은 너무 빨라요!"

"선생님, 저는 아직 준비가 안 되었어요!"

"선생님, 조금 더 기다려 주세요!"

우리가 한 발짝 앞에서 태윤이를 이끌어 가려고만 한 것은 아닌지?

우리가 너무 빨리 앞서가서 태윤이가 숨을 헐떡거리는 것을 보지 못한 것은 아닌지?

현장 선생님

태윤이는 나의 현장 스승이다.

그는 기다림, 인내를 가르쳐 주었다.

그는 믿음이 먼저라는 것을 알려 주었다.

그는 사람마다 속도가 다름을 머리가 아닌 가슴으로 더 깊이 깨닫게 해 주었다.

그는 내면의 변화를 들여다볼 수 있는 또 하나의 눈을 선물해 주었다.

그는 결과보다는 과정의 의미, 우리가 함께하는 시간 동안의 의미가 얼마나 중요한지를 말해 주었다. 그 시간이 쌓이고 쌓여야 변화가 가능한 시점인 티핑 포인트(tipping point)가 온다는 사실을 말이다.

가끔 후배 장애인재활상담사들이 나에게 김혜은 선생님과 똑같은 질문을 한다.

"선배님, 왜 안 될까요? 이렇게 노력하고 시간이 흘렀는데 ○○○의 이러한 행동은 왜 변하지 않는 걸까요? 이제 정말 지쳐요."

후배에게 나는 이렇게 대답한다.

"선생님! 우리가 하는 일이 기대한 만큼 결과가 나오지 않을 때가 참 많은 것 같아. 그때마다 실망하고 지치지 않았으면 좋겠어. 우리와 함께하는 장애인분들은 분명 겉으로 드러나지 않지만 내면적으로 변화가 일어나고 있는데 우리가 그것을 보지 못하고 있는 것은 아닐까? 우리 스스로도 자신을 변화시키는 것이 쉽지 않잖아. 어느 날엔가 ○○○가 바라던 변화가 있을 때, 그 변화 속에 선생님과 함께한 시간들이 분명히 녹아 있다는 것을 기억하면 좋겠어. 함께한 그 시간이 차곡차곡 쌓여 행동 변화의 밑거름이 되고 있음에 의미를 두고 현재, 바로 주어진 오늘에 최선을 다하는 것이 우리의 역할이라고 생각해."

그리고

"우리가 만나는 장애인들이 우리에게 이렇게 소리치고 있는 것 같지 않아?"

"선생님, 선생님은 너무 빨라요!"
"선생님, 저는 아직 준비가 안 되었어요!"
"선생님, 조금 더 기다려 주세요!"

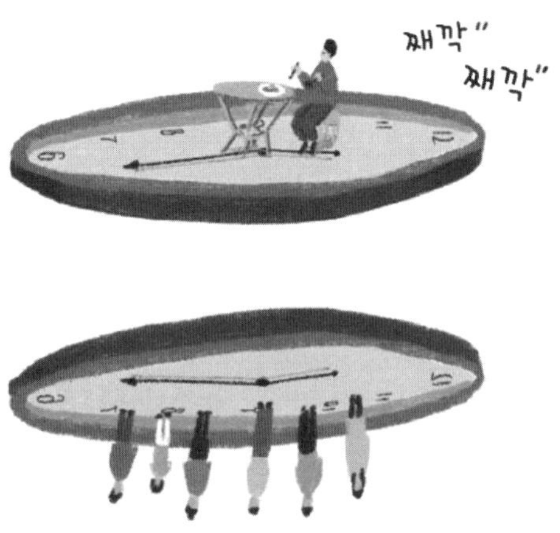

02

생존 기술

김정일 글

2
생존 기술

코코샤브에서 준호네 가족과 점심 약속을 했다. 준호 어머니는 계속 만나기를 부탁하고, 이런저런 핑계로 거절하기가 반복되어 더 이상은 연기하기가 어려웠다. 올해 두 번째 만남이다. 준호 동생이 한 달 전에 제대를 했는데 동생도 늦게 참석하여 네 명의 가족이 모두 모였다. 그것도 여름휴가의 마지막 날에.

"평생 살면서 이렇게 우리 가족의 휴가가 딱 맞은 게 처음이라예. 설악산에 함 가 볼라고 가족이랑 갔는데, 조카가 거기 살거든예. 너무 더워서 산만 쪼매 밟고 왔십더."

준호 아버지의 말씀이다. 두어 시간의 즐거운 점심 식사를 마쳤다. 참으로 행복한 가족과의 즐거운 시간이었다. '그래, 저렇게 살아야 행복한 가정이지!'라는 말이 절로 나온다. 가족과 인사를 했다.

"우리 너무 자주 만나는 거 아닙니까? 1년에 딱 한 번만 만납시다."

"아이라예, 서너 번은 만나야지예."

"다음에는 제가 쏘겠습니다."

"그러면 안되지예. 이것도 못하게 하믄 섭섭합니더."

직업적응훈련을 받다

준호는 고등학교를 졸업하고 장애인복지관에서 직업적응훈련생으로 첫 사회생활을 시작했다. 자신의 의사를 잘 표현하지 못하지만 수용언어가 비교적 높아 이해력이 양호하고, 무엇보다도 체력 하나는 끝내 주는 지적장애인이다. 직업적응훈련이란 중증장애인들이 직업생활을 준비할 수 있도록 중·장기간 체계적인 훈련을 받는 것이다. 준호뿐 아니라 고등학교를 졸업한 대부분의 지적장애인은 사회생활을 스스로 하기에는 많은 어려움이 따른다. 직업적응훈련은 개인생활, 일상생활, 사회생활, 직업생활 등 모든 분야를 다루기 때문에 상당히 어려운 훈련과정이다. 쉽게 말해서 비장애인은 누구나 성인이 되면 대중교통을 이용하여 자신이 원하는 곳으로 어디든 갈 수 있지만, 고등학교를 졸업한 다수의 지적장애인은 독립적인 이동이 어렵다. 그래서 버스나 지하철을 타고 혼자 집이나 목적지까지 가는 것도 직업적응훈련의 주요한 훈련 내용이다. 비장애인들이 일상적으로 행하는 옷 차려 입기나 면도하기와 같은 자기 관리도, 버스 타기, 대인관계하기, 어떤 일에 집중하기, 과제 완성하기 등 사회생활을 영위하기 위한 기본적인 기술도 중증장애인에게는 반복 훈련을 통해야만 얻을 수 있는 생존 기술이다. 특히나 지적장애인, 자폐성 장애인이 직업생활을 하려면 집에서 회사까지 대중교통을 이용하여 스스로 이동할 수 있어야 하는데, 이것이 이들에게는 사회에서 살아남느냐 도태되느냐와 같은 생존의 문제다.

첫 직장에서

부산으로 이사온 지 3개월 째, 모든 것이 어색하고 서툴다. 장애인 취업 알선이 주 담당 업무인데 외근 업무가 낯설다. 이때마다 내비게이션은 내 길의 등이요, 빛이었다. 부산의 특수한 도로 환경에서 살아남기가 얼마나 어려운 지 알만 한 사람은 다 안다. 낯선 부산 땅에서 장애인 구직자들에게 적합한 사업체를 개발하기란 참으로 어려웠다. 때마침 경주빵을 만드는 회사에서 장애인 근로자를 구하고 있었고, 한국장애인고용공단과 협업하여 지원고용 프로그램을 통해 취업 알선을 하게 되었다. 그렇다. 아직 부산에 적응도 못한 나로서는 매우 반가운 기회였다.

장애인 취업 분야에서 최고의 노하우를 가지고 있는 한국장애인고용공단과 협력하는 것은 매우 현명한 방법이었다. 우리 복지관에서는 지원고용에 참여할 대상자를 추천하고, 공단에서는 지원고용에 필요한 전반적인 행정 업무를 지원하기로 했다. 지원고용이란 중증장애인을 대상으로 보통 3주 정도 사업체에서 현장 실습을 제공하는 고용 프로그램이다. 중증장애인은 서류 전형과 면접만으로 고용을 결정하기 어렵기 때문에 3주 동안 담당 업무를 실습하면서 면접을 보는 것이다. 3주 훈련을 마치면 고용주도, 장애인 당사자도 채용을 결정하기에 훨씬 수월하다. 지원고용 프로그램에서의 핵심은 직무 지도원인데, 직무 지도원은 훈련이 진행되는 동안에 장애인 근로자가 직장에 잘 적응할 수 있도록 직무 지도와 출퇴근 지도, 점심 식사 및 휴식시간, 대인관계 등을 지원한다. 대부분의 중증장애인은 이 프로그램을 통해 취업한다. 우리 복지관의 직업적응훈련생 2명이 경주빵을 만드는 회사의 지원고용 프로그램에 참여했다. 인지 능력이 훨씬 우수한 자폐성 장애인은 3주 훈련을 이수하지 못하고 중도 포기했다. 아직은 직장생활을 할 준비가 부족했던 것이다. 준호는 의사소통이 잘되지 않지만 상대적으로 작업에 대한 이해력은 신기할 정도로 좋았다. 또한 체력이 가장 큰 강점이다. "힘들지 않아?"라는 질문에 항상 "아…… 안 힘들어요."라며 더듬거린다. 중도에 포기한 자폐성 장애인 친구는 너무 힘들고 죽을 것 같다고 했는데…….

이 업체의 경주빵 제조 공정은 장애인 근로자들이 모든 작업 라인을 담당하고 있다. 준호는 작업 능력을 인정받아 공장에서 가장 어려운 공정인 '도장 찍기' 업무를 훈련 2주차부터 시작했다. '도장 찍기' 공정은 앞 공정에서 장애인들이 큰 철판에 8열로 40개의 반죽을 나열하면 도장을 이용하여 적당한 힘으로 눌러 반죽을 찍는 것이다. '적당한 힘'이 중요하다. 조금만 힘을 많이 주거나 적게 준다면 우리가 사 먹는 예쁜 경주빵이 만들어지지 않는다.

도장이 찍힌 반죽을 붓으로 계란 칠을 하고 오븐에 구우면 맛있는 경주빵이 완성된다. 오븐에 갓 구운 경주빵은 참으로 맛나다. 이렇게 3주간의 반복적인 훈련을 통해 준호는 이 회사에 취업이 되었다. 첫 직장이다. 월급은 시간외 수당을 포함하여 110만 원 정도다. 최저임금이다(2011년 시급 4,320원 기준). 하지만 준호에게는 더 없이 값진 노동의 대가다. 대기업 신입 사원의 첫 월급 못지않은…….

준호가 첫 월급을 받던 날 저녁, 복지관 직업적응훈련 담당 교사와 함께 저녁을 먹고 이마트에서 가족에게 줄 선물을 샀다. 나는 준호의 취업을 축하하고 싶었다. 그리고 첫 월급을 받으면 부모님께 선물을 사 드리는 것이라 알려주고 싶었다. 글쓰기를 싫어하는 준호는 부모님께 편지를 쓰면서 계속 웃기만 했다. 결국 내가 불러 준 대로 어렵게 썼지만 경험을 통해 첫 월급의 용도를 배웠으리라 믿는다.

준호의 '도장 찍기' 기술은 날로 발전했다. 이 공정에는 3명의 사원이 일하고 있다. 회사에서 가장 난이도가 높고 강한 체력이 요구되는 공정, 엘리트 사원이다. 업무가 익숙해지고 안정되어 갈 무렵에 큰 사건이 터졌다.

준호 어머니는 이렇게 회상했다.

"근무할 시간인데 아들에게 전화가 왔어예."

"엄마, 택시 타고 집에 가는데 돈이 없어."

"돈을 상당히 아끼는 아들이 이날은 택시를 탔다고 하여 기사님과 통화를 해서 집 위치를 알려드렸지예. 그렇게 화난 아들의 얼굴은 처음 봅니더."

"회사 측 말은 준호가 직장 여자 동료의 몸을 만지며 성추행을 했다는 거라예. 너무 뜻밖이고 참으로 어처구니가 없었지예. 아들이 사람을 잘 따르고 스킨십을 좋아하는 거는 있지만, 성추행이라니 말이 됩니꺼? 아들이 성추행을 했다니 믿기지도 않을 뿐더러, 몇 차례의 질의 응답에도 풀리지 않는 게 너무 많아 삼자대면을 요구했더니 사장이 펄쩍 뛰면서 역정을 내시는 거라예. 더 이상 말할 힘도 없고, 우리가 약자이니까 회사 측의 요구대로 한 달간 근신을 하기로 했지예. 한 달 후 회사에서 전화가 왔는데, 상황이 조금은 정리되어 가니 이제 회사에 출근해도 된다고 하데예. 아들에게 이야기를 하니 고개를 절레절레 흔들며 다시는 안 간답니더. '싫다'는 표현을 잘 안 하는데 얼마나 확실하게 말하는지……. 지도 억울했나 보지예."

사실 근신을 하기 두 달 전부터 회사로부터 연락이 왔다. 준호의 문제행동에 대한 자문과 성교육을 요청했다. 몇 차례의 상담 결과 준호가 그 여자 친구를 좋아하는데 언어적인 표현이 부족하여 스킨십을 몇 차례 했고, 그것을 목격한 여자 동료가 성추행으로 부풀려 말을 옮긴 것이다. 준호가 좋아하는 그 여자 친구도 자신의 의사를 잘 표현하지 못하는 지적장애인인데, 목격한 여자 동료(이 친구도 지적장애인임)가 성추행으로 목소리를 키우니 진짜 성추행범이 되어버린 상황이었다. 회사의 태도가 참으로 아쉬웠다. 그냥 시끄러워지는 게 싫었던 모양이다. 목격자의 큰 목소리만 듣고, 제대로 의사 전달을 하지 못하는 두 당사자의 입장을 고려하지 못한 처사였다. 이렇게 준호의 첫 직장은 성추행 사건으로 막을 내렸다. 앞으로 이런 일이 없도록 목청부터 키워야 하나…….

다시 직업적응훈련에 복귀하다

준호는 첫 직장에서 심리적으로 상당한 스트레스를 받았다. 노동 강도가 높은데 휴식시간은 부족했다. 회사에서 준호에 대한 불만은 크게 두 가지였다. 작업장에서 웃는 것과 질문을 해도 대답을 잘하지 못하는 것이 답답하다는 것이다. 이 회사에서는 작업 라인에서 웃는 것을 용납하지 않았다. 준호의 가장 큰 장점은 웃는 것이다. 언어 발달이 미숙하니 웃음을 먼저 배웠다. 언어 표현이 어려우니 상당수의 질문에 웃음으로 대변한다. 그게 더 쉬우니까. 작업장에서 웃는 것이 그렇게 나쁜 행동인지 이해가 되지 않는다.

우리 복지관의 직업적응훈련에는 재취업 프로그램이 있다. 여러 가지 이유로 취업을 했다가 퇴사한 장애인들이 6개월 동안 재취업을 준비하는 것이다. 장애인들이 직장에서 퇴사를 하는 주된 원인은 작업 기술의 부족보다는 대인관계의 어려움이나 그로 인한 스트레스 때문이다. 재취업 프로그램에서 가장 중요한 것은 이러한 스트레스를 관리하고 심리적 안정과 쉼을 얻는 것이다. 첫 직장에서 1년 4개월을 열심히 일하고 퇴사한 준호를 훈련생들과 직원들이 따뜻하게 맞이했다. 재취업 프로그램 동안에 복지관에서 준호에게 제공하는 것은 그렇게 많지 않다. 가능한 한 규제를 줄이고 편히 쉴 수 있도록 배려하면서 기다리는 것이다. 동료 친구들과의 따뜻한 상호작용이 가장 큰 치료제다. 내가 준호에게 해 준 것이라고는 가끔씩 제공하는 따뜻한 차와 격려가 전부다. 놀랍게도 재취업 프로그램에 참여하는 대부분의 장애인은 빠르게 심리적 안정을 되찾는다. 아마도 스트레스의 원인인 회사와 분리되는 것 자체가, 갈 곳이 없어 집에 있는 것보다는 복지관에 다니고 있다는 것 자체가 치료제인 것이다. 준호도 금방 회복되었다. 준호의 눈웃음과 미소는 마력이 있다. 서글서글한 성격과 늘 웃는 얼굴이 인기의 비결이다. 이 착하고 순박한 친구를 누가 성추행범으로 몰아갔단 말인가?

통영 욕지도 문화 탐방 여행에서… 욕지도 가는 중
(왼쪽이 지은이, 오른쪽이 준호)

욕지도 어느 펜션에서…
펜션에서 준비한 아침을 먹고 휴식 중

욕지도에서 낚은 고등어

욕지도 어느 낚시터에서 고등어를 엄청 잡았다. 준호는 아빠와 낚시를 자주 가서 모든 것을 스스로 잘했다. 이날 나도 손맛을 많이 보았지만, 훈련생들의 낚싯대에 먹이를 끼워 주랴, 고등어를 빼 주랴 혼이 났다. 그야말로 물 반 고기 반. 낚시터 사장님께 고등어회를 떠 달라고 무리한 요청을 했다. 낚시터 사장님은 빛의 손놀림으로 고등어회를 떠 주셨다. 갓 잡은 고등어회 맛은 일품이었다. 직원들도, 자원봉사자들도 그 맛에 경악을 금치 못했다. 재미있는 것은 그 낚시터에는 40대 중반으로 보이는 지적장애인이 근무하고 있었다. 사장님이 종종 답답해서 고래고래 소리를 질렀지만 모터보트도 직접 운전하고 낚싯대를 채비하는 솜씨도 대단했다. '섬에 사는 지적장애인은 저렇게 대단한 육체미와 보트 운전 솜씨를 가졌구나.' 하고 감탄했다.

첫 번째 직장, 경주빵 만드는 공정 라인에서 도장 찍기 직무 수행 중

가족에게 줄 선물을 고르는 중

두 번째 직장, 자동차 부품 회사에서 스폿 업무를 수행 중

세 번째 직장, 주식회사 정도의 자동차 부품 공장에서
대형 프레스 업무 수행 중

두 번째 직장에서

준호도, 준호 가족도 6개월 동안 안식과 평안을 되찾기 시작했다. 6개월이 지날 무렵에 다시 지원고용으로 자동차 부품 회사에 채용되었다. 평소 자동차를 너무 좋아하기 때문에 예전부터 자동차 관련 회사에 취업을 희망했다. 지적장애인이 이렇게 뚜렷하고 일관되게 자신의 직업 욕구를 주장하는 일은 드물다. 그래서 더 매력적인 준호. 3주 훈련 후 고용주는 쉽게 채용을 결정하지 못했다. 준호의 성실함과 체력을 강조하며 근로계약을 강요했다. 채용한 지 3개월이 되어 갈 무렵에 고용주는 준호의 업무 능력에 흡족했다. 의사 표현도 못하고 대화가 안 되는데 어떻게 작업이해력이 그렇게 뛰어난 지 신기하단다. 이렇듯 지적장애인의 직무능력은 3개월쯤은 기다려 주어야 진면목을 발휘할 수 있다. 준호가 일한 지 6개월쯤에는 회사의 거의 모든 공정을 습득했다. 직무 능력이 우수한 직원들에게만 주어지는 야근과 주말 근무는 대부분 준호의 몫이었다. 내가 봐도 참으로 신기한 일이다.

어떤 회사이든 장점과 단점이 존재한다. 세상사가 다 그런 것 같다. 경주빵 회사에는 25명 정도, 자동차 부품 회사에는 15명 정도의 장애인 근로자가 일하고 있는데, 모든 업무가 장애인들이 일하기 쉽도록 세분화되어 있다. 장애인 근로자가 많다는 것은 그만큼 상호작용할 수 있는 친구가 많다는 것이고, 다른 사업체에 비해 고용 유지 기간이 상당히 길다. 준호는 유압 프레스와 스폿 용접으로 자동차 부품을 조립하는 일을 했다. 두 번째 직장에서도 우수 사원으로 고용주의 총애를 받았다. 하지만 이 업체는 점심시간을 비롯한 휴게시간을 규정대로 제공하지 않았고, 주휴수당도 지불하지 않았다. 몇 차례의 권유로 점심시간은 쉴 수 있도록 조정이 되었지만…….

첫 번째 직장에서도 휴게시간이 보장되지 않았다. 이 경주빵을 만드는 공장의 모든 근로자는 점심 식사를 30분 안에 끝내고 작업장에 복귀했다. 몇 차례 시정을 요구했지만 점심시간 동안에 대형 오븐 기계를 멈추면 식어서 다시 가열하는 데 많은 시간이 소요되기 때문에 효율성이 낮아 휴게시간을 보장하는 것이 어렵다는 것이다. 하루 8시간 기계 앞에 서서 반복적으로 일을 하는데 점심시간 1시간을 주지 않는단 말인가! 엄연히 근로기준법 위반이다. 법에서는 근로시간이 4시간인 경우에는 30분 이상, 8시간인 경우에는 1시간 이상의 휴게시간을 부여하도록 되어 있다. 지적장애가 있고 자신의 의사를 표현하지 못하기 때문에 거의 모든 장애인이 식사 후 양치와 화장실을 다녀와서 곧바로 업무에 복귀했다. 습관처럼……. 두 번째 직장도 똑같은 상황이었다. 사장은 작업 능력이 부족해서 그렇게 해야 달성하지 못한 1일 목표량을 채울 수 있고, 또 자신은 점심시간에 일하도록 강요한 적이 없단다. 장애인들이 스스로 그렇게 하는 것이라고 했다. 장애인들이 그렇게 하면 사장님이 쉬게 해야 정당한 게 아니냐고 되물었다. 뒤에 확인하니 2층 작업장은 쉬는 시간이 확보된 반면, 사장이 함께 일하는 3층 작업장은 그렇지 못했다.

취업한 지 6개월 정도가 지났을까? 준호의 업무 만족도를 묻기 위해 준호 어머니와 통화를 했다. 아들은 일을 무척 좋아하고 재미있다고 해서 만족하지만 일에 비해 월급이 좀 적다고 했다. 알아 보니 법정 휴일인 주휴일, 즉 휴일수당을 지급하지 않았다. 또한 오전 8시가 근로 시작 시간인데 상당수의 장애인이 8시 이전부터 심지어 7시부터 출근해서 일하고 있었다. 그것 참, 사장은 일찍 오지 말라고 해도 스스로 일찍 온단다. 말려도 되지 않는다고……. 시간 개념이 부족한 지적장애인들이 그럴 수도 있는데, 이것을 사장이 이용한 것이다. 물론 부당한 처우다. 임금을 지불한 적이 없으니…….

이런 사실도 모른 채 그동안 몇 차례 회사에 선물을 했다. 물론 개인적으로 한 게 아니라 복지관의 예산이었지만, 바보 같은 짓을 했다. 공정이 매우 세분화되어 있고 쉬우며 안전장치가 완벽하게 갖추어져 있기 때문에 지적장애인들이 근무하기에는 최적의 근무 환경이었고, 그때는 마냥 좋게만 보였다. 또 속고 만 것이다. 사실 사람을 너무 잘 믿는 성격 탓에 사업체에 대한 배신감을 종종 경험한다. 어쩔 수 없다. 믿는 게 편하고 쉬우니까.

헤드 헌팅

자동차 부품 회사에서 거의 2년이 다 되어 갈 무렵, 준호 어머니와 통화를 했다. 임금 체불을 이제 더 이상 참기 힘들다는 것이다. 1년만 참자고 했는데 벌써 2년이 다 되어 버렸다. 내게도 약간의 부담스러운 짐이었는데, 매일 출근하는 아들을 지켜 본 어머니의 심정은 오죽했으랴. 다른 회사로 이직을 희망했다. 물론 아들이 좋아하는 자동차 부품 회사를 원했다. 마침 좋은 회사가 개발되었다. 아무리 노력하고 투자를 해도 좋은 사업체를 만나는 것은 쉬운 일이 아니다. 지적장애인의 특성에 맞게 직무 공정이 세분화되어 있고 단순해야 한다. 마침 '주식회사 정도'에서 아주 적절한 시기에 워크넷에 구인 정보를 올렸다. 회사를 두 차례 방문하고 고용주와 상담을 하였을 때 준호가 떠올랐다. 스마트폰으로 준호의 작업 모습이 담긴 동영상을 보여 드리고 채용을 의뢰했다. 준호의 작업수행력은 매우 우수하다. 좋은 회사가 생기면 이 동영상을 보여 주면서 사업주를 설득하기를 1년 가까이 했으나 지적장애인을 채용하겠다는 사업체는 쉽게 찾을 수가 없었다. 특히 자동차 부품 회사는 제품에 불량이 생기면 엄청난 손해가 발생하기 때문에 지적장애인들이 쉽게 갈 수 있는 회사가 아니다. 하지만 '주식회사 정도'는 달랐다. 준호가 회사를 다니고 있는 상황이라서 토요일 오후 3시로 면접 일정을 잡았다. 물론 지금 다니는 회사에는 비밀로 하고 당일에는 주말 근무를 쉬기로 했다. 당시 사장님은 준호가 없으면 공정에 차질이 생긴다며 역정을 냈다. "오전근무만 하고 올까요?"라는 어머니의 말씀에 단호하게 거절하라고 요청했다. 하루 정도는 쉬어도 된다고…….

드디어 면접 당일. 준호를 위한 단독 채용 면접이 시작되었다. 사장님, 이사님, 실장님이 면접관으로, 나와 준호 부모님이 참관하여 화기애애하게 면접이 진행되었다. 준호는 보통의 지적장애인들처럼 면접관의 질문에 더듬거리면서 매우 간단하고 어설프게 면접에 임했다. 아마 면접 점수는 후하게 주기 어려웠을 것이다. 그런데 면접을 마치고 작업장을 둘러볼 때 준호의 눈빛이 매섭게 변했다. 면접 때의 모습과는 완전히 달랐다. 자동차 부품을 조립하는 CO_2 자동 용접 라인, 스폿 용접 기계, 대형 프레스 등 라인을 돌면서 매우 적극적인 관심과 질문을 했다. 2년 동안 자동차 공장에서 일했기 때문에 익숙한 기계가 보이면 왠지 모를 자신감으로 면접에 임했다. 부모님도 이런 아들의 모습이 참으로 생소하고 신기한 모양이었다. 5년 동안의 사회생활에서 몸으로 배운 것이다. 스스로…….

다시 면접실로 돌아와 사업체에서 입사 의사를 물었다. 사전에 사업체에 대한 정보와 준호에 대한 정보를 서로 공유했기 때문에 부모님도, 준호도 강력한 채용 의사를 보였다. 1시간여 면접이 진행되었는데 결과가 좋았다. 회사의 배려로 설 연휴를 보낸 후 출근하기로 했다. 다행히 보름 정도 남았기 때문에 사직서를 제출하기에 무난한 시기였다.

우리 회사의 보배입니다

준호는 설 연휴를 보내고 세 번째 회사 '주식회사 정도'에 첫 출근을 했다. 회사 통근 차량이 집에서 도보로 10분 거리에 있기 때문에 출퇴근이 한결 수월했다. 취업 후 적응지원을 위해 주 1회 사업체를 방문했다. 한결같이, 늘 그랬던 것처럼 준호는 너무나 성실하게 일하고 있었다. 어떤 때는 나보다 낫다는 생각도 든다. 매일 잔업 2시간을 포함해서 10시간을 서서 자동차 부품을 조립한다는 것이 결코 쉬운 일이 아니다. 토요일도 8시간 근무를 하고, 다행히 수요일은 가족의 날로 대부분의 공장이 야근을 하지 않는다. 가끔씩 나는 회사에 적응하지 못하고 힘들어하는 장애인 근로자들을 타이르기도 하고, 고래고래 고함을 지르기도 하며 연기도 해 보고, 협박을 하기도 한다. 그때마다 속으로는 '그래 힘들지. 나도 그 일은 못하겠던데 너는 오죽하겠나.' 하는 푸념도 생긴다.

취업한 지 한 달 쯤 되었을 때, 사업체를 방문하여 사장님과 면담을 했다. 준호의 근황과 직무 수행 정도를 여쭙기 위해서다.

"스폿 용접을 시켰는데 예전 회사에서 했던 직무라서 그런지 너무 잘해요. 기계에 약간의 문제가 생기면 스스로 고쳐서 하기도 하고, 잘 안되면 옆에 있는 아줌마에게 물어서 해결하기도 하고……. 기특해서 이것저것 하나씩 다 시켜 봤는데 1개월 만에 대부분의 업무를 거의 다 익혔어요. CO_2 자동 용접 기계도 혹시나 해서 시켜봤는데…… 이게 제일 어렵거든요. 그런데 금방 하는 거예요. 한 달 밖에 안 되었는데……. 준호는 우리 회사의 보배입니다."

오랫동안 장애인 고용 업무를 했지만 '회사의 보배'라는 고백은 처음 들었다. 기분이 참 좋다. 준호 어머니에게 지금 다니는 회사가 어떠냐고 물었다.

"준호와 제가 너무나 바라던 회사라예."

"일한 만큼 월급으로 보상을 해 준다 아닙니꺼."

"아들이 너무 재미있어 하고 열심히 하니까 좋고, '회사의 보배'라는 별칭까지 얻고, 아들도 인정을 받으니 자부심도 생겼고, 장애인에 대한 편견 없이 다른 근로자들과 똑같이 대우해 주니까 넘 좋지예. '정도', 정말 이름 값 하는 회사인 것 같심더."

지역사회의 도움 받기

두 번째 회사를 그만둔 지 두 달이 지났을 때, 퇴직금이 입금되었다고 준호 어머니와 통화를 했다. 조금 늦었지만 다행히도 들어왔다. 퇴직금을 받았으니 노동청에 가서 임금 체불 민원 신청을 하자고 했다. 준호 어머니가 꼭 그렇게 해야 하냐고 해서, 꼭 그렇게 해야 한다고 했다. 장애인 근로자만 상습적으로 주휴수당을 지급하지 않고, 그 외에도 부당한 대우가 상당하기 때문에 민원을 제기하여 배상도 받고 다른 장애인들도 더 이상 피해를 받지 않도록 하자는 것이다. 준호 어머니가 쉽게 공감해 줘서 민원을 신청했다.

민원 신청 후 한 달 정도 지났을까? 근로감독관의 중재로 고용주와 민원인의 면담 일정이 잡혔다. 준호 어머니는 많이 긴장하여 우황청심환을 먹었고, 혹시나 하는 걱정에 준호 아버지도 동행했다. 준호와 함께 사장을 만났는데 태도가 완전 돌변하여 그렇게 순할 수가 없다고 했다. 그래서 기분이 참 좋았단다. 근로감독관의 중재로 체불 임금은 회사의 사정상 일시불로 지급하지 않고 3개월 동안 3회로 나누어 지불하는 것으로 동의했다. 그렇게 동의서를 작성한 지 석 달이 지나서야 1회가 입금되었는데, 계속 독촉 메시지를 보내 3회 입금이 완료되었지만 약속했던 금액보다 적게 들어왔다.

준호 어머니는 노동청에서 고용주와의 면담이 잡힌 하루 전날, 지금 다니는 회사의 실장에게서 전화가 왔는데, 오전에 노동청에서 민원을 보고 오후에 출근을 하라고 했단다. 오후에 출근을 해야 주휴수당을 줄 수 있다는 것이다. 준호 어머니는 그런 것도 몰랐다고, 회사에서 이렇게 챙겨 줘서 너무나 고맙다는 인사를 몇 번이나 반복했단다. 그렇지, 이런 게 사람살이가 아닌가. 아무런 대가를 바라지 않고 서로 나누고 챙겨 주는 이웃 간의 정, 고용주와 근로자 간의 배려, 우리는 작은 것에 감동을 받는다. 준호 어머니가 그랬던 것처럼……. 회사에 많은 것을 바라는 게 아니다. 단지 일한 만큼만 정확하게 월급으로 보상해 주니까 너무나 고맙다고 했다. 고용주가 할 수 있는 만큼만, 근로자도 할 수 있는 만큼만 정직하게 한다면, 고용주도 근로자에게 받은 만큼만, 근로자도 제공한 만큼만 바란다면 참 좋겠다. 욕심 부리지 않고 사소한 일에 감사하면서 말이다.

사람살이

박경화는 『도시에서 생태적으로 사는 법』에서 "명상이란 그저 호흡만 깨어 있는 것이 아니라 바위에 앉아 나무를 만질 때, 그 나무와 바위가 내 일부며, 물소리와 날아가는 저 새가 내 일부라는 것을 깨닫는 것이다. 그런 일체관의 명상에 들게 되면 미워해야 할 대상, 싸워야 할 적이 없어진다. 이기고 지는 관계 속에서 이기기 위한 인생을 사는 것이 아니라 인연을 깨닫고, 조화와 균형을 이루는 삶이 가장 큰 행복이라는 깨달음이 필요하다."고 했다.

조화와 균형을 이루는 삶이라! 장애인 고용 업무를 하면서 재활상담사는 사업체와 장애인 사이에서 조화와 균형을 유지해야 한다. 경력이 쌓일수록 중립을 지키는 것이 중요함을 느낀다. 이론적으로는 사업체보다 장애인 쪽이 훨씬 중요하다. 장애인 복지관의 존재 이유는 장애인의 권익과 인권을 보호하는 것이기에, 재활상담사의 존재 이유도 마찬가지다. 장애인들이 직업을 통해 사회에 참여할 수 있도록 돕고 직장생활에서도 인권이 보장될 수 있도록 지원하는 것이다. 하지만 사업체도 상당히 중요하다. 거기에도 사람이 있고 장애인 근로자와 함께 일하는 동료도, 반장도, 공장장도 인권이 있기 때문이다. 오늘 아침 일찍 한 사업체의 작업반장으로부터 전화가 왔다. 어젯밤 11시에 누구 엄마에게서 전화가 왔는데 다짜고짜 '우리 아들이 뭘 그렇게 잘못해서 만날 야단만 치냐!'고 고래고래 소리를 질렀단다. 그 엄마는 말도 통하지 않았고 일방적으로 자기 할 말만 하고 전화를 끊었단다. 너무 열이 받아 잠 못 이루는 밤이 되었다고 한참을 하소연했다. 얼마나 억울한지 공감이 됐다. 60세가 다 되어

가는 이 작업반장님은 20여 명의 장애인 근로자와 10년 가까이 근무하고 있다. 그동안 '이제는 그만하고 싶다'는 말을 많이도 했다. 그때마다 나는 이 반장님의 편을 든다. 그게 맞다고. 장애인 부모님이 또 사업체에 하소연을 하면 그때도 부모님의 편을 든다. 어떨 때에는 욕까지 하며 맞장구친다. 그럴 수밖에 없다. 다른 묘책이 별로 없을 때에는…….

장애인들이 한 업체에서 장기적으로 고용을 유지하는 것은 쉬운 일이 아니다. 일반적이지 않는 여러 가지 변수가 일어나기 때문이다. 장애인의 취업률이 아직도 비장애인의 절반 수준 밖에 되지 않지만 비장애인은 역차별을 호소한다. 장애인들과 가장 가까이에서 일하는 비장애인들의 어려움도 많다고……. 이들 사이에서의 다툼은 항상 자기중심적인 오해에서 시작된다. 비장애인은 장애인 동료 때문에 늘어나는 업무량을 불편해 하고, 장애인은 조금 더 기다려 달라고, 조금 더 배려해 달라고 한다. 사업주들은 근로자를 채용할 때 효율성과 일의 능률을 먼저 고려하고, 장애인은 동등한 기회를 달라고 호소한다. 잘 모르겠다. 앞에서 말한 명상처럼, 이들이 서로 이기기 위한 각자의 인생을 사는 것이 아니라, 공존할 수 있고 조화와 균형을 이루는 공동체의 삶을 살 수 있을지…….

돌이켜 보면 우리에게는 주어진 고통보다는 스스로 만든 고통이 더 많은 것 같다. 살면서 주어진 고통은 극복하고 새로운 고통은 만들지 않을 수 있을까? 없겠지! 곰곰이 나를 돌아본다. 그동안 직장생활을 하면서 많이도 싸웠다. 동료들, 장애인들, 심지어 상사와도……. 젊었을 때와 비교하면 상당히 성숙했다고 자부할 수 있지만, 불혹이 넘은 나인데 아직도 화가 잘 다스려지지 않는다. 지위고하를 막론하고 진심을 털어 놓아야 성이 풀리고 그런 후에는 항상 직원들은 상처를 받고 상사에게는 미움을 받는다. 아내는 나에게 충고한다. 자기에게 잘해 주려고 하지 말고, 성질 좀 부리지 말라고……. 나는 보통 아내에게 잡아먹을 듯이 성질을 부리고, 왜 그랬을까 후회를 하고, 잘못했으니까 사과를 한다. 그래도 횟수가 줄어드니 희망은 있다. 남자가 철들면 죽는다고 하였는데 천천히 철드는 것도 나쁘지 않겠지!

생존 기술, 준호에게서 배우다

준호의 취업 성공, 그 중심에는 건강한 가족이 있다. 준호의 아버지는 운전기사 일을, 어머니는 식당 일을 하신다. 가족은 각자의 일을 하느라 바쁜 일상을 보내지만 가족 구성원의 건강한 상호작용이 있고, 오고 가는 정이 있고, 살맛나는 사람살이가 있다. 작지만 소박하게 살아가는 행복한 웃음이 있기에 가능했으리라.

누구나 천부의 재능을 가지고 있다. 준호는 지적장애인으로 태어나 아들의 역할을, 학생의 역할을, 형의 역할을, 장남의 역할을, 직장인의 역할을 서툴지만 아주 느리게 잘 수행하고 있다. 나는 이것을 느린 혁명이라고 부르고 싶다. 짧은 인생이지만 준호는 어떤 사람에게는 상당한 피해를 주었고, 어떤 사람에게는 상당한 도움을 주었다. 또 누구에게는 많은 불편을 주었고, 누구에게는 많은 행복을 주었다. 앞으로도 그럴 것이다. 하지만 조금씩 나아갈 것이다. 아주 천천히, 하지만 분명하게…….

오늘도 나는 삶의 현장에서 조금은 비겁하게 살고 싶다. 사업체의 편도, 장애인의 편도 아닌 내 편으로……. 일을 하면서 사업체와 장애인들과 참으로 많이 싸웠다. 부질없는 이김을 위해……. 어떤 때에는 교육이나 상담이라는 명목으로……. 사업체이든, 장애인이든 누구나 손해 보기를 원하지 않는다. 나도 그렇다. 사업체와 장애인과 나. 이 삼각관계가 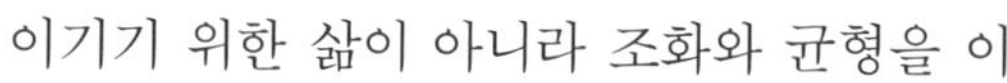 이기기 위한 삶이 아니라 조화와 균형을 이루는 삶이 가능할까? 잘 모르겠다. 그러나 준호처럼 천천히 가야겠다는 결심을 한다. 누구나 나와 같지 않으니 조금만 기다려 주면 되지 않을까! 이것이 세상에서 행복하게 살아가는 공존 기술임을 준호에게서 배웠다.

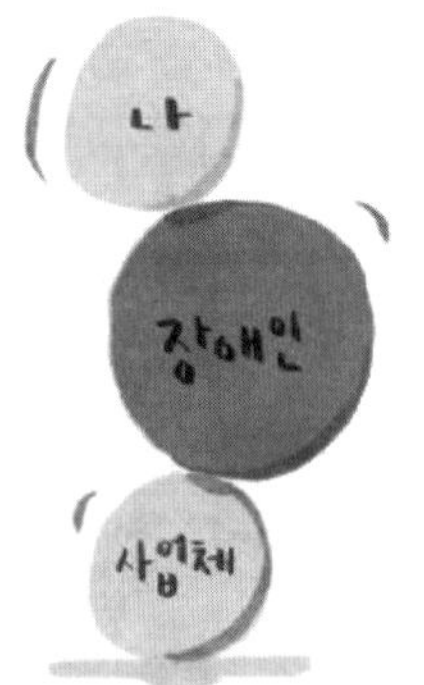

느린 혁명[1)]

키가 148 센티미터요
탄탄한 체력과
환상적인 눈웃음의
슈퍼마리오를 닮은
지적장애 26세 청춘 권준호

혼자 버스 타기
깔끔하게 옷 차려 입기
면도하기
대인관계하기
일에 집중하기
과제 완성하기
모두가
반복된 훈련을 통해 얻을 수 있는
생존 기술

달콤 살벌했던 첫 번째 직장,

1) 김정일 『행복연습』(2019) 시집에서 인용

임금 체불 두 번째 직장,
보배로 거듭난 세 번째 직장에서
몸으로 갈고닦은
5년의 생존 기술이 발휘되다

지적장애로 태어나
아들의 역할을
학생의 역할을
형과 장남의 역할을
직장인의 역할을
서툴지만
아주 느리게
완벽히 수행하는
준호의 느린 혁명

천부의 재능은
가족과 사회와 나를 위해
발휘하는 것,
그리고
느리지만
분명하게

앞으로 가는 것이
인생이다.

이기기 위한 삶이 아니라
조화와 균형을 이루는 삶이
행복하게 사는 공존기술임을
준호에게서 배운다.

직업재활 현장 에세이

03

최고의 배움터 직장

조경은 글

3
최고의 배움터 직장

사회로의 첫 걸음

나는 한국장애인고용공단에서 직업평가사로 일하고 있다.

나의 업무 중 하나가 장애 학생의 취업을 지원하는 것이다. 고등학교와 전공과에 재학 중인 장애 학생에게 진로상담과 직업평가를 하고, 취업을 통해 사회에 나가기 전에 꼭 필요한 여러 사회적응훈련 프로그램을 지원한다.

경기도에 와서 얼마 되지 않아 아주 귀여운 고등학교 남학생 지원이를 만났다.

지원이는 당시 고등학교 3학년이었다. 외모가 깔끔하고, 유난히 큰 눈으로 눈을 맞추던 지원이는 자신의 의사를 표현하는 데 어려움이 많았다. 단답형으로만 자신의 의사를 표현하였는데, 그것마저도 이해가 잘되지 않았다. 상담 중에 잠시도 손을 가만히 두지 않고 뭔가를 만지작거리거나 주변을 두리번거리는 등 주의 산만한 모습을 보여 상담을 지속하기가 어려웠다. 몇 번이나 주의를 주어야 하는 상황이 반복되었다. 그렇지만 나의 일은 우리 친구들의 직업적 장점을 찾아내는 일이다. 지원이는 독립적으로 버스 이용이 가능하고, 기초 학습 수준은 초등학교 3학년 수준으로 다른 지적장애 학생들과 비교해서 양호한 수준이다. 흥미가 있으면 꽤 높은 집중력을 보인다는 사실을 상담과 평가를 통해 알게 되었다.

지원이의 장래 희망은 애견미용센터에서 일하는 것이다. 지원이가 사는 지역은 소도시라서 사설 동물병원도 많지 않을 뿐더러 일할 수 있는 애견미용센터를 찾는 것이 쉽지 않았다.

그러던 차에 업무적으로 알고 지내던 사장님이 이 지역에서 카페 분점을 내겠다는 반가운 연락을 주셨다. 바로 지원이와 상담에 들어갔다. 이 지역에 애견미용센터가 거의 없는 점, 애견미용사가 되기 위한 미용 기술을 아직 배우지 못한 점, 지원이가 바리스타 자격증이 있는 점 등을 이유로 카페에서 일해 볼 것을 권유하고 구인 조건에 대해서 안내했다.

지원이도 카페에서 면접을 보는 데 동의했다. 자폐 증상을 보이지만, 다른 사람과 협동하면서 일을 하는 것을 좋아하고, 제과제빵과 바리스타 쪽으로도 흥미를 가지고 있었기 때문이다. 바로 면접 일정이 잡혔다. 면접 때 학습 도움실 선생님이 함께 오셨다. 지원이는 학교에서 작성한 이력서를 가지고 교복을 입고 왔다. 사장님은 바리스타 자격증을 취득하기 위해서 얼마나 노력을 했는지, 어떤 커피를 잘 만드는지, 빵 만드는 일에 대한 경험이 있는지, 출퇴근 시간이 얼마나 걸리는지 등에 대한 구체적인 질문을 하였고, 지원이는 이미 학교에서 10번 이상 연습을 해왔던 터라 면접에서 묻는 말에 망설임 없이 대답을 잘했다. 사장님은 지적장애인을 몇 번 고용한 경험이 있어서 채용을 하지 않더라도, 지원이에게 훈련 기회를 주고자 하였다. 그해 10월에 지원이는 미미베이커리에서 일배움 프로그램으로 3주간 현장 실습을 했다. 미미베이커리는 공장형 카페로, 매장 안에 빵을 만드는 작업장이 있었다. 초기 업무로 커피잔 씻기, 오븐 철판 닦기 업무가 주어졌다. 일배움 프로그램은 장애 학생들의 취업을 지원하는 프로그램으로, 취업보다는 현장에서 일을 배우는 것이 우선이다.

지원이는 3주간 9시 출근, 2시 퇴근으로 점심시간을 제외한 4시간 동안 훈련을 하였다. 항상 8시에 나와서 직원들을 기다렸다. 직원들이 미안해서 1시간 일찍 오지 말고 30분 정도만 일찍 오라고 이야기를 했다. 지원이는 승부욕과 잘하려고 하는 의지가 강해서 위험한 곳이 많은 공장 안을 급하게 움직이다 보니 실수가 잦았다. 업무를 지시하면 지시 내용을 앵무새처럼 따라만 하고 행동으로 움직이지 않아 직원들이 당황한 적이 여러 번 있었다.

어느 날 지원이는 선생님을 따라 여자 탈의실로 들어갔다가 난리가 났다. 여직원이 많고, 민감한 사항이라서 직원들이 사장님께 일배움 훈련을 중지해 줄 것을 요청했다. 지원이에게 왜 여자 탈의실로 들어갔냐고 물으니, 일을 가르쳐 주는 선생님이 탈의실로 들어가기에 따라 들어갔다고 했다. 다행히 탈의실에 대한 개념이 없다면 그럴 수도 있다고 업체 측에서 이해해 주었다. 이 사건 이후 사장님께 사업장 근로자들을 대상으로 장애인식 개선 교육이 필요하다고 제안했다. 사장님도 카페 안에 빵을 만드는 곳이 있는 공장형 카페라서 무척 바쁘지만 공장장님과 의논하여 1시간 동안 직원 교육을 하기로 했다.

나는 비장애인 근로자들을 대상으로 교육을 했다. 자폐성 장애인의 특성에 대해서 이야기하고, 작업 시 한 번에 여러 가지 일을 시키지 말 것을 당부했다. 물론 대화도 쉽게 풀어서 표현하라고 이야기했다. 아무리 바쁘더라도 큰소리로 화난 듯이 이야기하지 말고 천천히 목소리 톤을 낮추어서 이야기하면 지원이는 훨씬 더 잘 알아듣는다고 안내했다.

교육 후 동료들은 지원이의 장애에 대해 조금 이해한 것 같았다. 시간이 지날수록 지원이에게 마음의 문을 열기 시작했다. 나중에는 서로 장난도 쳤다. 내가 사업체를 방문하면 동료들은 지원이에 대해 궁금한 것은 질문하고 가끔 칭찬도 했다. 참으로 고마운 일이다. 사업체에 장애인 근로자가 입사를 하면 대체로 동료 근로자들은 불평을 하는데, 시간이 지나면 지날수록 발달장애인들이 얼마나 맡은 임무를 잘 수행하는지, 성실한지를 알게 된다.

지원이가 일배움 훈련을 할 때 학교 선생님은 지속적으로 적응 지도를 해 주셨다. 문제행동을 보이면 훈련이 끝난 후 학교로 불러서 상담하고, 지원이가 원하는 바리스타 관련으로 좀 더 전문적인 양성 훈련도 지원해 주셨다. 지원이가 다니는 학교에서는 학습도움실의 장애 학생들이 카페를 운영하고 있다. 카페를 운영하는 학생들은 월마다 교사들에게 정액제로 커피를 주문받아 배달하기도 하고, 교사와 비장애인 학생들에게 음료를 판매하기도 한다. 이렇게 될 수 있었던 것은 담당 특수교사의 역할이 컸다. 선생님은 장애 학생들뿐만 아니라, 다른 교과목 교사와 친하게 지내려고 노력한다. 학교 행사에도 늘 적극적이다. 그래야지만 장애 학생들에게 어떤 식으로든 도움이 된다는 것을 경험을 통해서 알기 때문이다. 선생님은 학교 안에서 카페를 운영하면서 학습 도움실 학생들이 직업 능력을 계발할 수 있도록 최선을 다했다. 이 학교의 카페는 단지 바리스타 직무로 취업을 위해 훈련을 하는 곳이 아니다.

취업을 위해 기본적으로 필요한 여러 소양 훈련, 즉 자신의 옷차림이나 외모 관리, 주변을 깨끗하게 청소하고 주문을 받으면서 다른 사람들과 소통하기도 한다. 돈을 주고받으면서 경제 개념도 배운다. 더군다나 카페에서의 청소, 설거지, 카드 단말기 사용 등은 실질적으로 취업 시 활용도가 높다. 선생님과 아이들이 함께 만들어 가는 작은 회사와 같은 실습장인 것이다.

일배움 훈련 중에도 선생님은 지원이를 적극적으로 적응 지도를 해 주신 결과 지원이의 직업 능력은 몰라보게 향상되었다. 선생님은 지원이의 일배움 훈련 중에 학교 선생님들과 함께 와서 지원이의 훈련에 힘을 보탰다. 일부러 교사 모임을 카페에서 했다. 때로는 가족과 방문해서 차를 마시기도 하고, 주위 사람들에게 선물할 빵도 이곳에서 샀다. 이 카페의 홍보대사가 되었다. 선생님이 지원이와 함께 있을 때면 가끔 엄마와 아들 같다는 생각이 든다. 진심으로 제자를 대하는 모습이 존경심을 불러일으킨다.

어찌되었든 좌충우돌하는 모습을 보이면서 3주가 지나갔다. 일배움 프로그램은 말 그대로 일을 배우는 프로그램이라서 꼭 취업으로 연결되지 않아도 된다. 그러나 지원이를 비롯한 우리는 취업이 되었으면 하는 바람을 가지고 있었다. 3주 훈련이 수료되던 날, 사장님과 지원이 어머니, 담임 선생님과 함께 실습 평가회를 가졌다.

지원이가 아직은 학생으로서 직장 경험이 없고 여러 실수가 있었지만, 지원이의 성실성, 순수함과 열정을 높이 산다고 하시면서 사장님은 1년 계약직으로 채용을 제안했다.

아직은 직장인으로서의 자세와 기능이 부족하지만, 시간이 지나면서 많이 향상될 것 같다며 열정적인 모습에 반했다는 말까지 하셨다.

사실 훈련 중에 우여곡절이 많아서 기대를 하지 않았는데, 참으로 기뻤다. 벌써 지원이가 이 카페에서 일한 지 1년이 다 되어 간다. 그동안 나는 경기 지사에서 서울 지사로 발령이 났다. 나는 서울에서 장애 학생 일배움 훈련을 시작하고 있다. 오늘은 바리스타 관련으로 카페에 방문할 예정이다. 문득 검은 피부에 기계 같은 말투로 이야기하는 지원이가 오늘따라 유난히 보고 싶다.

못난 아들의 효도

여러 차례 직장 경험을 거친 후 중증장애인 지원고용을 통해 취업한 용훈 씨의 이야기를 해 볼까 한다.

용훈 씨는 학교 졸업 후 장애인임을 밝히지 않고 지방자치단체의 일자리센터를 통해 취업을 했다. 채용 담당자는 용훈 씨가 장애가 있음을 쉽게 알았을 것이다. 그러나 사업체는 인력 부족으로 막연하게 체력이 좋아 보이니 면접 후 바로 고용했다. 장애인에 대한 이해가 없는 상황에서 업무를 익힐 만한 시간적 여유를 주지 않았다. 업무 수행 시 몇 번의 실수가 생기면 의사소통도 원활히 되지 않으니 퇴사 당하기를 몇 번 반복했다. 사업체의 사장이나 관리자들은 단순제조업의 일들은 아주 쉽기 때문에 몸만 튼튼하면 가능하다고 이야기한다. 그러나 비장애인이 생각하는 쉬운 일과 지적장애인이 쉽다고 느끼는 차이는 크다. 한 단계 한 단계마다 작업 지시가 필요한 지적장애인에 대해 이해를 하는 사업장은 많지 않다. 왜냐하면 그만큼 장애인에 대한 경험이 적기 때문이다.

용훈 씨는 그런 실패 경험을 몇 번 겪은 뒤 장애인복지관을 찾았다. 직업재활상담사에게 구직 상담을 접수했고, 나는 업무 협의를 하는 과정에서 용훈 씨를 알게 되었다.

장애인복지관에서는 간단히 상담만 한 상태라서 한국장애인고용공단으로 직업평가를 의뢰했고, 내가 용훈 씨의 평가를 진행했다. 직업평가 결과 용훈 씨는 지원고용 수준으로 나타났다. 일반 사업체에서 일정 기간 동안 훈련을 하면 취업이 가능한 수준이다. 용훈 씨는 양손의 힘과 체력이 우수하고, 단순 반복적인 조립, 포장 관련 직무 수행에 강점을 보였다. 주변의 다른 사람과 소통을 많이 하지 않는 독립적인 작업 수행을 희망했다. 규칙적인 것을 좋아해서 변경 사항이 있으면 사전에 이야기를 해줘야 안정감을 가지고 일을 하는 스타일이다.

내가 알선한 처음 직장은 장애인에 대한 이해가 있는 장애인

표준 사업장이었다. 업무에 잘 적응한다고 생각한 한 달이 지날 때쯤 용훈 씨는 일을 그만두고 싶다고 했다. 일은 괜찮은데 출퇴근 시간이 너무 길다고 했다. 처음에는 가능할 것 같았지만, 막상 출퇴근을 해 보니 1시간 이상 버스를 타야 해서 힘들었나 보다. 용훈 씨도 집에서 가까운 사업체에서 일하고 싶었던 것이다.

2개월 후 용훈 씨의 집에서 그리 멀지 않은 일회용품 생산업체에서 구인이 들어왔다. 통근 차량도 있었다. 작업 환경은 여느 공장과 비슷하지만 일회용품 사출기가 많은 곳이라서 안전사고에 대한 주의가 필요한 곳이었다. 기계 작동을 하는 직원과 함께 한 조가 되어서 사출되어 나오는 일회용품을 비닐에 넣고 묶어서, 박스에 넣는 작업이었다.

사업장을 둘러본 후 면접을 봤다. 용훈 씨는 해 보고 싶다고 이야기했고, 사업체에서는 지적장애인을 채용해 본 적이 없어서 바로 결정하지 못하고 고민하는 눈치였다.

용훈 씨의 적응 기간과 사업체의 결정을 돕기 위해 3주 지원고용을 실시하기로 했다. 지원고용이란 장애인 채용을 희망하는 사업체에서 직무훈련 후 취업을 결정하는 중증장애인 고용지원 프로그램이다. 지원고용 프로그램의 핵심은 직무 지도원이 사업체에 배치되어 장애인들의 현장 적응을 돕는 것이다.

지원고용을 계획하면서 용훈 씨의 근무시간과 작업 수행량에 대한 사업주의 기대치를 처음부터 낮추고, 용훈 씨가 적응할 수 있도록 업무량을 조정했다. 처음에는 4시간 근무와 보조 업무만 수행하는 것부터 시작하여 마지막 주에는 8시간 근무, 독립적 수행까지 차츰차츰 작업량과 시간을 늘려 갔다. 물론 작업의 정확성에 대해서도 체크를 했다.

이렇게 3주 훈련이 끝났을 때, 나는 사업체에 특이사항이 없는 한 비장애인 작업 생산량의 60~70% 정도를 수행하면 채용을 권유한다. 용훈 씨도 대략 작업장 내의 비장애인 대비 60% 정도의 작업 수준을 보였다. 이 정도의 생산량이면 취업이 가능하지 않겠냐고 채용 담당자를 설득했다. 용훈 씨도 열심히 했고, 앞으로 더 향상될 것이라고 설명했다.

지원고용 프로그램에는 직무 지도원이 꼭 필요하다. 이 직무 지도원의 역할이 매우 중요하다. 직무 지도원의 역할은 장애인의 교통수단 이용, 직장 내 기본 규칙, 일상생활 관리, 대인관계, 작업 도구 사용, 작업 태도, 작업에 대한 지도 등을 지원하는 것이다.

지원고용을 계획할 때 사업체 외부

의 직무 지도원을 구하고 싶었으나, 사업체에서 외부 사람이 들어와 있는 것이 불편하다고 이야기를 했다. 나 역시 외부 직무 지도원을 찾는 데에도 어려움이 있었다. 그래서 공장 내의 반장님께 내부 직무 지도원으로서의 역할을 부탁드렸다.

많지는 않지만, 내부 직무 지도원의 역할을 수행하면 일정 부분 수당이 지급된다. 물론 장애인에게도 출석 일수에 따라 훈련수당이 지급되고, 24시간 재해보험에 가입된다.

지원고용 훈련이 종료될 시기에 사업체 담당자와 훈련 결과에 대해 이야기했다. 용훈 씨는 다른 사람의 마음을 잘 읽지 못하고, 점심시간이나 휴식시간에 대한 관리가 부족하며, 아직까지 포장 작업 능력과 작업 도구 사용 등이 미흡하다고 했다. 그렇지만 꾀부리지 않고 성실하게 묵묵히 일하는 모습이 마음에 들고, 앞으로의 발전 가능성이 있어 채용을 하고 싶다고 했다. 물론 용훈 씨도 일해 보니 여기에서 일하고 싶다고 했다.

기뻤지만, 장기근속으로 이어지는 것이 더 중요하기 때문에 장애인종합복지관의 직업재활상담사에게 취업 후 1주 동안 긴밀한 적응 지도를 장애인 부탁했다. 물론 나도 3개월 동안 계속적으로 적응 지도를 했다. 용훈 씨가 취업한 지 3개월이 되었을 때, 취업 후 적응 지도를 장애인복지관에 부탁했다. 나는 지역사회 내의 장애인복지관과의 상호 협력과 역할 분담이 매우 중요하다고 생각한다. 무엇보다 적응 지도 부분에 있어서는 멀리 있는 공단보다 가까이에 있는 장애인복지관이 지속적이고 긴밀한 적응 지도를 실시 할 수 있기 때문이다.

장애인 고용 업무를 하다 보면 독특한 고용 사례를 경험한다.

기억에 남는 장애인은 15년 쯤 전에 인사성이 밝고, 쉬는 시간에 춤을 잘 춰서 취업이 된 경우다. 붕대 감는 공장, 평균 연령대가 65세 이상의 할머니가 많은 곳이었다. 손녀 같은 여성 지적장애인 3명이 지원고용을 했다. 그중에 한 명이 인사도 잘하고, 붙임성도 있고, 쉬는 시간마다 할머니들에게 춤도 추는 살가운 친구였다. 작업수행력은 함께 훈련한 친구들에 비해서 낮은 편이었다.

3주가 끝나고 취업을 결정할 때 할머니들이 이구동성으로 작업 능력은 약간 떨어지지만, 인사도 잘하고 붙임성 있는 그 여성 지적장애인을 채용할 것을 사업주에게 요구했다. 결국은 그 친구가 취업이 되었다. 그때 나는 작업수행력이 채용을 보장하는 것이 아님을 깨달았다. 어떤 회사이든 업무 능력만 보고 사람을 채용하지는 않는다. 회사에 들어와서 잘 적응하고 동료들과 잘 융화될 수 있는 사람을 뽑는다. 거기에 일까지 잘하면 금상첨화겠지만…….

다시 용훈 씨 이야기로 돌아와서 용훈 씨는 두 번째 직장에서 면접을 볼 때 어머니와 함께 왔다. 어머니가 공단을 처음 방문했을 때 공단 사업을 안내한 후 여러 가지 얘기를 나누었다.

면접을 보고 나오면서 용훈 씨 어머니가 아들이 장애인이라 좀 더 아들을 잘 알고자 학점은행제를 통해 사회복지사 자격증을 취득했다는 말씀을 하셨다.

어머니는 몸소 지적장애인을 20년 넘게 키웠고, 사회복지 이론이 갖추어진 분이라 그 자리에서 직무 지도원을 해 보시는 것이 어떠냐고 물어보았다. 어머니는 자세히는 모르지만 발달장애인을 도와주는 일이면 한번 해 보겠다고 했다. 어머니는 이번에 아들이 지원고용을 한 사업체는 아들이 불편해 할까 봐 거부했다. 아들이 일에 집중하지 못할까 봐 걱정이 되었는지 다른 사업체를 희망했다. 어머니는 그때부터 나와 1년이 넘도록 살고 있는 지역과 인접한 곳에서 직무 지도원의 역할을 수행했다.

그럴 때마다 나의 만족도는 매우 높았다. 장애 아들을 둔 어머니로서 모든 중증장애인이 자녀 같아서인지 매우 살뜰히 지도해 주시고, 사업체의 관리자에게도 장애에 대한 이해를 적극적으로 설명하는 중간관리자의 역할을 충실히 하셔서 지원고용 실시 후 취업률이 꽤 높게 나타났다.

특히 큰 회사와 야구장의 구내식당에서 식기 세척이나 식탁 정리 등의 업무, 카페의 바리스타, 제과 제빵 관련 업무 등의 음식 관련 서비스직으로 직무 지도원을 하실 때 더 빛이 났다.

한 달 정도 연락이 되지 않아 어디 갔다 오셨냐고 질문을 한 적이 있다. 동유럽 여행을 다녀왔다고 하시면서 "우리 용훈이가 여행 잘 다녀오라고 적금을 깨서 돈을 쥐어 줬어요. 고마워서 눈물이 났지요. 잘난 아들은 남의 아들이고, 못난 아들은 내 아들이라고 생각했는데 이 못난 아들이 선산을 지킬 것 같네요." 라고 했다.

용훈 씨는 아직 공존 산업을 잘 다니고 있다. 적금도 꼬박꼬박 하고, 요즘은 집에 생활비도 일정 금액 낸다. 어머니는 조심스럽게 이제는 어느 정도 자리가 잡혔으니 용훈 씨가 장가가서 남들처럼 알콩달콩 지내면 좋겠다는 소박한 욕심을 가져 본다고 했다. 어머니의 소박한 욕심과 용훈 씨의 안정적인 직장생활을 응원한다.

직업재활 현장 에세이

04

생각 그 이상의 가능성

문지영 글

4
생각 그 이상의 가능성

첫 만남

2015년 3월, 장애인복지관에서 직업적응훈련 담당을 하고 있던 나에게 상길이가 복지관을 이용하기 위해 방문했다.

며칠 동안 씻지 않고, 옷도 갈아입지 않은 상태와 통통과 뚱뚱의 경계선 정도의 체구를 가진 상길이와 직업 상담을 했다. 가정에서의 관심과 지원이 어려워 혼자 장애인복지관에 오게 되었고, 몸에서 나는 특유의 냄새가 진동한 채로 첫 상담이 이루어졌다. 다소 긴장한 모습에 말이 빠르고 어딘가 불안해 보였다. 하지만 자신이 직업적응훈련을 받고 싶다고 나름대로 명확하게 의사 전달을 했다. 기본적인 작업 기능이 가능하리라는 예상 하에 직업적응훈련이 가능한지를 판단하기 위해 상황평가를 실시했다. 상황평가를 실시하는 과정에서 상길이의 불안함은 이상행동으로 나타났다. 2L짜리 페트병을 가지고 와서는 물을 과도하게 마시더니 자신의 머리를 손톱으로 할퀴고, 작업 도중에 신발을 벗더니 맨바닥에 앉는 행동을 하기도 했다. 그런 행동들은 주로 자신이 할 수 없다고 생각하는 것을 시켰을 때, 또는 경험해보지 않은 일을 해야될 때 특히 그랬다. 상길이가 직업적응훈련이 가능한지의 여부, 즉 적격성 결정을 위해 상당한 논의가 필요했다. 우리 팀은 사례회의에서 '상길이의 행동을 적절히 통제하고 지도할 수 있을까? 다른 훈련생에게 피해를 주지는 않을까?'라는 것이 주요 논의였다. 이러한 문제행동에도 불구하고 상길이는 직업적응훈련생으로 들어왔다. 작업 기능이 양호하고, 발전 가능성이 있기 때문이었다.

그렇게 우리의 인연이 시작되었다.

직업적응훈련반에서의 적응기

상길이는 주어진 직무훈련을 잘하다가도 본인의 직무가 밀릴 경우에는 강박이 심해져서 신발, 양말, 외투 등을 다 벗어던지고는 작업을 하겠다고 말하며 손을 덜덜 떤다. 물론 그럴 때에는 전혀 작업이 안된다. 특히 체력향상훈련의 일환으로 진행되는 댄스 프로그램 중에는 갑자기 신발을 벗어던지거나 바지와 소매를 마구잡이로 둘둘 말아 올린다. 머리를 기둥에 박기도 하는데, 내가 볼 때만 그러는 것 같다. 그러다가 내 눈치를 보면서 맞지 않는 동작을 계속한다. 심할 때에는 이어폰 줄로 목을 감아 자살 시도 중이라고 대놓고 나에게 말을 한다. 또 작은 도루코 칼을 가져와 자살하려고 가져왔다고 한다. 처음에는 나도 너무 놀라서 그런 행동을 말리고 다독이기에만 급급했다. 그런데 강박행동은 수시로 있지만, 강도 높은 행동은 내가 볼 때에만 했다. 패턴에 일관성이 있어 자세히 관찰하니 절대 다칠 정도의 힘은 주지 않았다. 단지 자신을 알아 달라고, 봐 달라고 나의 관심을 끌기 위한 행동으로 판단했다. 이때부터 상길이에 대해 내가 더 알아야겠다고 생각했다. 생활환경이 어떤지, 어떤 상황일 때 가장 불안감이 큰지, 어느 때 안정감을 느끼는지 알고 싶었다.

하지만 보호자와 연락이 쉽게 닿지 않았고, 상길이가 직접 문제를 털어놓지 않아 여러 번의 상담을 진행하고서야 문제를 파악할 수 있었다. 얼마 전 가정의 중심이었던 할머니께서 건강 문제로 병원에 입원했고 그로 인해 가족 간의 불화가 있었던 것이다. 특히 엄마와 여동생 두 명은 아버지와 심한 갈등을 겪고 있었고, 그 안에서 상길이의 불안감이 커졌던 것이다.

얼마 후 상길이가 매우 불안정한 모습으로 집에서 박스 등을 잔뜩 들고 복지관에 왔다. 그 박스 속의 내용물은 집을 나간 엄마와 여동생의 물건들이었다. 그 짐들을 며칠간 복지관에 보관해야 했다. 그뿐만이 아니었다. 휴대전화가 없는 상길이는 복지관 전화로 어머니와 종종 통화를 했다. 어머니가 전화를 하는 주된 용건은 직업적응훈련에 따라 배분되는 수익금을 달라고 하거나 상길이에게 시킬 심부름이 있을 때였다. 이때가 가장 지도하기 힘들었고 상길이도 힘든 시기였다.

개인위생 관리도 문제가 많았다. 머리 감기, 면도하기, 의복 관리, 칫솔질하기 등 모든 부분에서 지도가 필요했다. 집 보일러가 고장이 나서 씻지 못했을 때에는 복지관 샤워실을 이용하도록 지도했다. 두발 관리가 되지 않아 복지관 이미용 서비스를 활용했다. 코털이 길게 삐져나온 채로 있기에 큰 마음먹고 내가 직접 잘라 주기도 했다. 면도는 남자 직원한테 지도를 부탁했다. 상길이 덕분에 다양한 경험을 했던 것 같다.

2015년의 직업적응훈련생들은 대부분 비만이었다. 식습관 개선 및 체중 관리가 필요하다고 판단한 나는 건강을 위해 다이어트 프로그램을 계획했다. 취업 시 건강 관리도 중요한 부분이기 때문이다. 그리하여 매달 인바디 검사를 하여 건강하게 체중 감량을 한 훈련생에게는 소정의 선물을 지급하는 형식으로 프로그램을 진행하였다. 시상할 때마다 대부분 상길이가 최고 감량을 보였다. 하지만 결코 상길이는 건강한 방법으로 다이어트를 하지 않았다. 과도하게 소식을 했다가도 어느 날에는 폭식을 하였고, 날이 채 밝지도 않은 이른 새벽에 산을 오른다든지, 집에서 식사를 챙겨 줄 사람이 없으니 산에서 직접 캐 온 정체를 알 수 없는 나물을 라면에 넣어 먹었다는 둥 점점 다이어트에 집착을 보였다. 결국 5개월만에 약 10kg 정도를 감량하였다. 다소 건강하지 못한 다이어트였지만, 상길이는 스스로 만족감을 느꼈다. 이전에는 5번도 하지 못하였던 줄넘기를 50번은 가볍게 할 수 있다며 뿌듯해했다.

가을이 오는 9월에 부산지적장애인 자기권리 주장대회에 우리 복지관의 직업적응훈련생들이 참여했다. 상길이를 포함하여 4명의 훈련생이 대회에 참가했다. 자기권리 주장대회를 처음 참가하여 어떻게 준비해야 하는지 잘 몰랐다. 상길이와 나는 함께 고민한 끝에 '다이어트'를 주제로 발표를 준비하게 되었다. 상길이는 생각보다 열심히 발표 준비를 했다. 종이가 구깃구깃해질 정도로 밤낮으로 읽고 또 읽고 외웠다. 자신의 목표가 생기니 그것을 달성하기 위해 정말 열심히 했다.

이 대회에서 상길이는 은상을 받았다. 입상자들에게는 전국대회에 참가할 수 있는 기회가 주어졌다. 나는 후원자 자격으로 상길이 덕분에 2박 3일 동안 전라남도 순천에서 개최하는 전국 자기권리 주장대회에 참가하게 되었다. 상길이는 순천만자연생태공원과 순천만정원 등을 방문하며 새로운 경험을 할 수 있었고, 먼 곳으로의 여행을 통해 일상에서의 일탈을 경험했다.

'운동을 많이 해서 살 뺄 거예요'라는 주제로 원고를 외우고, 사진 자료를 준비해서 발표를 잘 마쳤다. 전국대회에서 입상은 못했지만 '자신감 상'을 받을 수 있었고, 이 경험은 상길이 인생의 커다란 전환점이 되었다.

이후로 상길이의 행동에 긍정적인 변화가 시작되었다. 그토록 싫어하고 자신 없어 하던 댄스 프로그램에서 강박행동 없이 적극적으로 참여하였다. 부산지역 직업재활네트워크 체육대회에서 발표할 장기 자랑과 복지관 프로그램 발표회 등을 위해 쉬는 시간에 훈련생들과 연습했다. 위생 관리가 잘 이루어지지 않았지만, 주변 어르신들이 챙겨 주는 옷이나 신발을 잘 갈아입고 노력하는 모습이 보였다. 복지관에서 상길이의 사정을 잘 알기에 물품 후원 등 많은 도움이 있었다. 그러다 어느새 나는 걱정거리가 생겼다. 이렇게 여러 가지로 지원해 주는 것이 상길이 본인 또는 가정에서 받기만 하는 것에 익숙해지거나 당연시 여기는 것은 아닐까? 하는 생각이 들었다. 그 이유는 감사 표현에 다소

인색했기 때문이다. 감사 표현을 할 수 있도록 지도하고, 인사하게끔 도왔다. 그리고 그렇게 했을 때 칭찬을 아끼지 않았다.

취업 성공기

상길이가 복지관에 온 지 2년이 지나고, 사례회의를 통해 상길이에게 훈련이 더 필요하다고 판단되어 1년 더 연장했다. 그 사이 나는 직업적응훈련 교사에서 취업지원 담당자로 업무가 바뀌었다. 나름대로 취업 실적도 좋았고, 취업자들의 취업 유지율도 높았다. 장애인 1명이 취업을 하기 위해서는 많은 노력과 과정이 필요하다. 한 해 동안 복지관 훈련생 12명 중 6명이 취업될 정도로 각 프로그램과 사업의 성과도 좋았다. 상길이의 직업적응훈련 종결 시점이 얼마 남지 않았다. 그동안 취업 알선을 몇 차례 시도하였으나 취업이 되지 않았고, 그때마다 상길이도 좌절감을 경험했다. 내가 지도한 훈련생 중 가장 마지막에 남은 훈련생이 바로 상길이였다. 상길이의 취업은 나에게 주어진 마지막 숙제 같이 어려웠고 부담되었다.

고민은 계속되었다. 상길이의 특성을 이해할 수 있는 사업주여야 하고, 파트타임이어야 하며, 생산직은 안 되고, 최저임금에 4대보험이 적용되어야 하며, 직무가 일정하고, 변동이 적은 곳……. 은근 쉽지 않은 구직 조건이다. 많은 고민과 걱정을 가지고 구인 업체를 찾았다. 상길이의 종결 시점이 다가왔을 때였다. 이전에 취업 연계를 했던 요양병원의 다른 지점에서 추가로 장애인 채용을 희망했다. 병원에 방문하여 구인 상담을 한 뒤 왠지 상길이의 일자리라는 느낌이 딱 왔다.

면접 연습을 반복한 후 이력서를 들고 채용 면접을 지원했다. 면접 시 상길이가 필요 이상의 말을 많이 하는 바람에 당황스럽기는 하였지만 다행히 좋게 봐 주셨고, 지원고용이나 현장훈련 없이 채용을 결정해 주셨다. 이 요양병원에서는 이전에 장애인을 고용한 경험이 있었는데, 업무 수행이 잘되지 않는 중증장애인이어서 장애인 근로자의 직무 능력에 대한 기대치가 상당히 낮았다. 오히려 이것이 상길이가 쉽게 취업할 수 있었던 이유가 되었다. 병원을 나와서 상길이와 "야호!" 하고 소리를 질렀다. 상길이의 직업적응훈련 종결 시점을 한 달 앞두고 결국 나는 숙제를 풀었다.

그렇게 1월 31일자로 상길이는 요양병원의 근로자가 되었다. 추운 겨울이었지만 상길이는 병원 청소부터 급식실 보조까지 성실하게 일했다. 나 또한 열심히 상길이의 직무 지도와 직장 적응을 위해 사후관리를 했다. 계절에 맞지 않는 의복을 입거나 불안한 행동을 보이기도 했지만 감사하게도 동료 직원들이 이해해 주었고, 지각이나 결근 없이 성실하게 근무하는 모습을 보고 인정해 주었다.

그 후 몇 달 뒤, 상길이가 예고 없이 복지관에 나타났다. 연차라고 복지관에 놀러 왔단다. 그런데 상길이의 손에는 직업적응 훈련을 하고 있는 후배 훈련생들을 위해 사 온 귤 한 봉지가 들려 있었다. 받는 것에 익숙해지면 어쩌나 걱정했는데 안심이 되었다. 솔직히 생각하지도 않은 상길이의 행동에 많이 놀라웠다. 훈련생들에게 “너네도 열심히 훈련하다가 꼭 멋있게 취업해라!” 라고 했다. 그 뒤로도 간간히 훈련생들을 위한 간식을 꼭 사 들고 방문했다. 또 흩어져 각자 취업한 훈련생들의 안부를 물으며, 본인도 일 잘하고 있다고 전해 달라고 했다. 스승의 날에는 “취업 시켜 줘서 감사합니다.”라고 문자가 온다. 이 문자를 읽노라면 미치도록 행복하고 뿌듯하고 보람을 느낀다.

어느 날 상길이에게서 문자가 왔다.

“올해 자기권리 주장대회 나가기로 했어요. 개인으로요.”

이게 무슨 소린가? 혼자 원고를 쓰고 준비해서 참가한단다. 솔직히 믿기 힘들었다. "혼자 준비했어? 원고 쓰면 선생님 보여줘. 도와줄게!"

성명	정상길	생년월일	199×년 ×월 ××일
제목	3년 만의 취업 성공	소속	사랑의 요양병원
내 용			

안녕하세요!
저는 온천 / 사랑의 요양병원에 / 근무하고 있는 / 정상길입니다./
저는 2015년에 / 남구장애인복지관 훈련생으로 / 들어왔습니다.

복지관에서 직업훈련을 하고 / 사업체 견학도 하며 다양한 프로그램에 참여하였습니다.

남구장애인복지관에서 / 스마일 프로그램을 참여했습니다. / 훈련반 선생님이 / 잘 가르쳐 주셨습니다. / 3년이 지나 복지관에서 취업 관련 동영상을 보고 / 취업을 해야겠다고 생각했습니다. (목소리 크게)

2018년 1월에 취업 담당 선생님께서 / 온천 사랑의 요양병원을 / 하나 소개해 주셨습니다. 면접을 보고 / 취업에 당당히 성공했습니다.

오전 7시에 출근하여 / 낮 12시 30분에 퇴근을 합니다.
제가 근무하고 있는 부서는 관리부이고 / 하는 일은 청소와 병원 내 정리정돈 등 여러 일을 합니다.

복지관 담당 선생님께 / 항상 어려운 점을 상담합니다.

적응을 잘하고 익숙해져서 / 일할 맛이 납니다. / 어려운 일들은 주변 직원들이 도와주셔서 열심히 잘하고 있습니다.

저의 이야기를 들어 주셔서 감사합니다.

사진으로 보낸 상길이의 원고를 보고 나는 눈물이 핑 돌았다.

제목은 〈3년 만의 취업 성공〉으로, 상길이가 초안을 쓰고 병원 선생님이 타이핑과 문맥을 조금 다듬어 주셨단다.

얼마나 큰 발전인가? 상길이가 병원 선생님에게 도움을 요청했다니…….

내가 생각한 이상의 것을 상길이는 할 수 있었다. 어쩌면 내가 여태까지 상길이의 발전 가능성을 제한한 것은 아니었을까? 훈련하고, 취업하고, 고용 유지를 지원하는 모든 과정이 어쩌면 애벌레에서 나비가 되는 과정이고, 단지 순탄하지 않았던 것뿐인데 내가 그것을 몰랐구나 생각했다. 상길이가 대견하면서도 미안한 마음이 들었다.

직업재활 현장에서 일을 하다 보면, 수많은 이용자가 각기 다른 모습, 각기 다른 장단점, 각기 다른 욕구를 가지고 복지관에 찾아온다. 그중에 손쉽게 훈련과 취업이 가능한 사람이 있는 반면, 많은 영역에서 훈련과 교육, 또는 시간이 필요한 이용자도 있다. 당시 2년차였던 나에게 상길이는 피하고 싶은 이용자였던 것 같다. 하지만 가장 어렵다고 생각했던 이용자가 가장 큰 기쁨과 뿌듯함을 선물해 주었다.

직업재활은 자립을 희망하지만 어찌할 바를 모르는 장애인들에게 목적지에 갈 수 있도록 길잡이를 해 주는 역할이라고 생각한다. 그 과정에서 직업재활 담당자는 개개인의 강점을 확대하고 약점을 보완할 수 있는 가장 적합한 방식을 추구해야 한다. 물론 나도 가장 적합한 방법을 찾고 시도하는 것이 어렵다. 하지만 이런 노력의 과정을 통해 장애인들이 취업을 하고, 일을 통해 사회에 참여하여 만족하는 것을 보면 나도 즐겁다.

나는 7년차 장애인재활상담사다. 취업을 원하는 장애인들이 나를 필요로 하고, 나 또한 이분들을 통해 필요한 존재임을 느낄 수 있기에 앞으로도 계속 직업재활 현장에서 일하고 싶다.

자연, 풍경 등이 많은 상길이의 콜라주

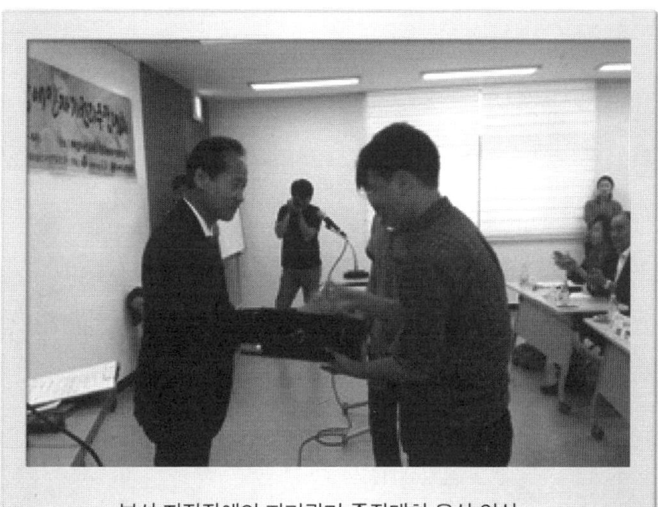

부산 지적장애인 자기권리 주장대회 은상 입상

전국 발달장애인
자기권리 주장대회 참여

멋지게 발표 후 사진 한 컷

순천만자연생태공원 방문 기념

05

여수 문화 탐방

김지혜 글

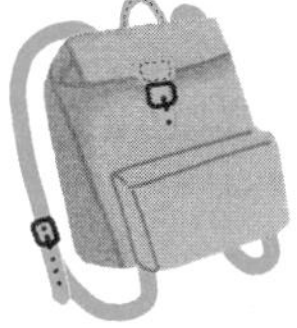

5 여수 문화 탐방

여행 기획

때가 되었다. 매년 여름이 끝나갈 때쯤 우리는 여행을 기획한다. '문화 탐방'은 발달장애인의 자기결정권 향상을 지원하는 여행 프로그램이다. 대부분의 복지관에는 이런 여행 프로그램이 있다. 우리 복지관 '문화 탐방'의 특징은 여행의 주체인 발달장애인 당사자가 스스로 계획하고 떠나는 여행이라는 것이다. 벌써 13년의 역사가 있는 프로그램이다. 지역, 관광지, 저녁 메뉴도 다 욕구 조사를 통해 정한다. 프로그램이 만들어질 당시부터 훈련생들의 욕구 반영 비율이 높았다. 처음에는 어땠는지 모르겠지만 시간이 지날수록 스마트폰의 보급률이 높아지고 발달장애인의 인터넷 사용 능력이 향상됨에 따라 더 구체적인 계획을 세울 수 있게 되었다.

문화 탐방을 위해 여러 차례 회의를 실시했다. 제일 첫 과정은 전국의 관광 안내 지도를 준비하여 비치한 후 여행 후보지를 제한하는 것이다. 문화 탐방 지역 선정 투표를 두 차례 진행한 결과, 통영, 진주, 여수로 후보가 특정되었다. 최종 목적지 선정을 위해 지역별로 팀을 짜서 여행을 기획하고 발표하기로 했다.

PPT와 대본을 준비한 통영팀은 섬에 가고 싶거나 낚시를 하고 싶은 훈련생들로 구성되었다. 그래서 통영 여행의 주요 코스는 섬에서 낚시하는 것이다. 추가 코스로 등산을 하며 주변 경관을 보는 것과 체육대회를 하는 것으로 정했다. 1박 2일 일정표를 구체적으로 만들어서 첨부했다.

PPT를 준비한 진주팀은 자폐 성향을 가진 훈련생들로 구성되었는데, 공통분모 없이 각자가 꽂힌 여행지가 있어서 구성된 팀이다. 그래서 각자가 가고 싶은 장소인 진양호와 동물원, 진주냉면 등의 사진을 PPT에 넣어 진주를 소개했다.

PPT와 개별 발표를 준비한 여수팀은 사진 찍기 좋은 장소를 여행지로 선택했다. 실제 팀원들이 모두 사진 찍고, 찍히는 것을 좋아하는 훈련생이다. 여수 해양레일바이크, 해상케이블카, 테디베어 뮤지엄, 아쿠아플라넷 여수, 여수엑스포 빅오쇼 등을 가는 것으로 일정을 기획하여 발표했다. 마지막으로 자신들이 가고 싶은 이유를 한 명씩 나와서 발표했다.

발표를 마치고 투표를 하는데 서로 눈치도 보고 "통영에 투표해!" "진주에 투표해!" "여수에 투표해!"라고 하며 마지막까지 열정을 다해 자기가 가고 싶은 여행지를 홍보했다. 투표 결과, 최종 목적지는 여수로 결정되었다. 등산 때문에 통영을 선택하지 않은 사람이 많았고, 진주를 가고 싶어 했던 훈련생들이 여수로 마음을 돌린 것이다. 그래도 다들 열심히 준비했으니 서로를 격려하는 의미에서 다 같이 손뼉을 치며 장소 선정 회의를 마무리했다.

목적지를 정한 후 관광지 하나하나, 저녁 코스, 숙소, 대중교통을 이용한 이동 방법 등 훈련생들이 직접 여행을 기획했고, 담당자인 나는 훈련생들이 잘 준비할 수 있도록 지원했다.

훈련생들은 일정 회의에서 저녁에 바비큐 파티를 하겠다며 들떠 있었다. 담당 교사들은 고기를 굽고 있을 우리의 모습이 상상이 되어 바비큐 파티가 얼마나 힘들고 귀찮은지를 설득하려고 했다. 그러나 언제 문화 탐방이 우리가 원하는 일정대로 진행된 적이 있었는가! 훈련생들은 교사들의 꾀임에 넘어오지 않았다. 담당 교사들은 우리가 직업적응훈련생들의 자기결정권 향상을 위해 열심히 교육한 성과라며 슬픈 현실을 씁쓸해 하며 받아들였다. 걱정은 접어 두고 바비큐 파티를 위해 장보기팀,

준비팀, 고기 굽기팀, 설거지팀으로 업무 분담을 했다.

문화 탐방 바로 전날, 안내문과 일정표, 대중교통 이동 경로를 나눠 주며 여행 일정을 숙지하도록 했다. 인솔자들은 여행을 지원해 주는 사람이지 여행 가이드가 아니다. 그렇기에 여수에 도착해서 모든 이동과 결정을 훈련생들이 담당하기로 했다.

여행 1일차

여행 당일이 되었다. 인솔 교사가 3명이므로 훈련생들의 거주지를 기준으로 세 팀으로 나누어 각각 담당 교사를 만나 노포동에 있는 부산종합버스터미널에서 최종 집결했다. 일반적으로 사람들은 복지관에서 여행을 가면 당연히 관광버스나 복지관 차를 타고 간다고 생각할 것이다. 복지관 차를 이용하는 것이 편하지만, 그러다보면 실제로 지역사회를 보고 배울 가능성이 적다. 발달장애인인 훈련생들이 직접 계획하고 여행하는 것이 문화 탐방의 목적이기에 편리함을 포기하고 대중교통을 이용한 여행을 시작했다. 우리는 노포동 부산종합버스터미널에서 여수행 시외버스를 탔다.

부산에서 여수까지는 약 3시간이 소요되었다. 아침 일찍 훈련생들과 만나 버스를 탔으나 점심시간이 다 되어서 여수에 도착했다. 우리 여행의 첫 코스는 서시장으로, 문화 탐방 중 대중교통을 담당하기로 한 훈련생들은 버스 정류장의 위치를 찾고 방향을 확인한 후 다른 훈련생들에게 타야 할 버스와 내려야 할 지점을 알려 주었다. 여행 전에 여행 경로와 대중교통 이동 방법을 충분히 숙지해 둔 훈련생들 덕분에 서시장에 무사히 도착했다. 서시장에 도착해서 둘러본 지 5분도 되지 않았는데, 도진 씨의 신발 밑창이 떨어졌다. 다행인 것은 시장이라는 것이었다. 다른 훈련생들도 같이 시장에서 신발 가게 찾기에 에너지를 쏟아 무사히 새 신발을 살 수 있었다. 여행 중에 생기는 돌발상황은 새로운 추억으로 남는다.

이후 점심도 먹고, 하멜등대도 가고, 이순신 광장도 다녀왔다. 미리 정한 간식 중에 이순신 수제버거가 있었는데, 근처에 가게가 있어서 광장에서 간식까지 해결했다. 그렇게 여수 문화 탐방의 첫째 날이 무난하게 흘러가고 있었다.

첫째 날의 하이라이트는 저녁 바비큐 파티다. 관광 일정이 끝나고 장보기팀은 마트로 향하고, 나머지 팀은 숙소로 가서 휴식을 취했다. 장 볼 물품을 미리 작성해 온 덕분에 물품을 구매하는 것이 어렵지 않았다. 직업적응훈련 요리 활동 프로그램 때마다 준비 물품을 훈련생들과 함께 구매했기에 마트에서 장보는 게 꽤 익숙해진 상태였다. 다른 훈련생들은 쉬고 있기에 부러워할 법도 한데, 장보기 팀원들은 바비큐에 대한 기대감 때문인지 지친 내색이 전혀 없었다. 장보기팀이 숙소에 도착하자 모두 모여 저녁 식사 준비를 위해 바쁘게 움직이기 시작했다. 각자 맡은 역할에 따라 밥을 짓고, 야채를 씻고, 소시지에 칼집을 내는 등 저녁을 먹기 위해 주도적으로 식사를 준비했다.

저녁 바비큐를 위해 게스트하우스 직원이 숯에 불을 피워 주었다. 고기 굽기팀은 타오르는 숯불을 보며 설레기도 했으나 선뜻 나서지 못하고 망설였다. 먼저 고기, 소시지, 버섯을 그릴 위에 올렸다. 3명으로 이루어진 바비큐팀은 모두 숯불로 고기를 처음 구워 본다며 언제 뒤집을지를 몰라 고기를 들었다 놨다를 반복했다. 기름이 숯불에 떨어지면서 불꽃이 솟아오르자 3명 중 2명은 고기 굽기를 포기하고 교사에게 도움을 청했다. 우려했던 대로 결국 교사들이 고기를 구웠다. 훈련생들은 그릴 근처를 서

성거리며 보조 역할을 했다. 고기 굽기는 완수하지 못했지만 새로운 것에 도전하려는 모습은 칭찬하고 싶다.

우리 숙소에서는 저녁을 먹으며 엑스포 빅오쇼를 볼 수 있었다. 맛있는 고기를 먹으며 빅오쇼를 즐길 수 있는 야외 바비큐장은 그야말로 환상적이었다. "누가 이런 곳을 찾았노! 정말 좋다!"는 말을 연발했다. 저녁 식사가 거의 끝나갈 무렵에 무난한 하루를 깨트리는 일이 생겼다. 시운이가 라면을 끓였는데 사람이 많아 모자라서 다시 끓여야 했다. 시운이는 "라면 먹을 사람?"이라고 외쳤고, 몇 명이 응답했다. 그런데 라면이 나오자마자 먹는다고 하지 않은 훈련생들이 라면을 향해 달려들었다. 두둥! 나는 그 순간 시운이의 표정을 보았다. 시운이의 시간이 멈춘 듯, 가만히 서서 지켜보기만 했다. 결국 시운이는 전혀 먹지 못했고 눈치를 챈 승후가 라면을 끓여 주겠다고 했지만 이미 마음이 상해서 소용이 없었다. 식사를 끝내고 바비큐장은 정리되었지만 뭔가 찝찝한 여행 1일차가 끝나가는 듯했다.

거의 12시가 다 되어 다음 날을 위해 씻고 누웠는데, 전화벨이 울렸다. 과장님과 훈련생 3명이 낚시를 다녀왔다고 했다. 나가 보니 낚시해 온 물고기가 10마리 정도 되어 보였다. 훈련생들은 낚시 가서 있었던 일들을 이야기해 주고 싶어 했다. 낚시하러 다녀온 3명 중에는 시운이도 있었다. 표정을 보니 기분이 좀 풀린 듯했다. 덕분에 나도 가벼운 마음으로 잠을 청했다.

여행 2일차

게스트하우스는 조식 재료를 제공하고 스스로 만들어 먹는 곳이 많다. 식빵, 계란, 우유, 잼 등이 준비되어 있었다. 식당에 올라가니 부지런한 몇 명이 벌써 식사 준비를 하고 있었다. 과장님은 잡아 온 물고기를 넣어 라면을 끓여 주었다. 낚시하고 온 사실을 몰랐던 훈련생들은 직접 잡은 물고기라는 사실에 놀라며 맛있게 라면을 먹었다.

우리는 체크아웃을 하고 숙소를 나왔다. 둘째 날의 첫 일정은 선택 관광이었다. 아쿠아리움과 테디베어 뮤지엄이 있었는데, 두 곳을 다 갈 수는 없어서 둘 중 한 곳을 선택해서 여행했다. 평소 귀여운 것을 좋아하는 훈련생들은 테디베어 뮤지엄을 선택했고, 시크한 스타일의 훈련생들은 아쿠아리움을 선택했다. 그렇게 인솔 교사도 나누어 선택 관광을 했다.

나는 테디베어 뮤지엄 관광을 지원했다. 다양한 크기와 색상의 곰 인형이 있었고, 포토 스폿과 소품도 많았다. 테디베어 뮤지엄은 그렇게 넓지 않은데다가 비가 오는 평일이라 손님이 거의 없어 사진 찍기가 너무 좋았다. 나와 함께한 훈련생들은 대체로 사진 찍히는 것을 좋아했고, 나는 사진 찍기를 좋아했다.

사람마다 여행 스타일이 다르다. 눈으로 많이 보고 마음에 담아 두는 스타일이 있는 반면, 여행의 순간순간을 사진으로 남기고 싶어 하는 스타일이 있다. 나는 후자에 속한다. 그래서 훈련생들의 사진을 많이 찍어 주고 싶었다.

한 명 한 명을 불러서 사진을 찍어 주고 안 찍으려는 훈련생은 불러서 강제로 사진 찍을 것을 권유했다. 사진을 찍을 때 표정이 자연스럽지 않으면 엄청 어색하게 찍힌다. 나는 최대한 그들이 행복해하는 모습을 카메라에 담고 싶었다.

직업적응훈련을 담당한 지 4년! 모두가 처음부터 같이 지낸 훈련생은 아니지만 최소 3개월 이상, 평균 1년 이상을 함께했다. 무엇을 좋아하는지, 무엇을 싫어하는지 어느 정도는 알고 있다. 민우는 평소에는 잘 웃는 편이지만 카메라 앞에만 서면 긴장을 해서 안경을 내리고는 눈을 치켜뜨며 어색한 표정을 짓는다. 그런 민우는 TV 프로그램 중 〈런닝맨〉을 좋아한다. 사진 찍을 준비를 시켜 놓고 "런닝맨에서 유재석이 좋아? 이광수가 좋아?"라고 질문하니 함박웃음을 지었다. 여자 훈련생들은 예쁘다는 얘기를 좋아한다. 장애 유무를 떠나 여자는 여자다. 여자는 예쁘다고 하면 쑥스러워하면서도 내심 좋아한다. 예쁘다는 말과 함께 사진을 찍으면 정말 예쁜 사진이 나온다. 테디베어 뮤지엄은 우리에게 많은 사진을 남겨 주었다.

선택 관광이 끝나고 다음 일정은 오동도 관람이었다. 그런데 비가 오기 시작했고 우리 일정보다 하루 일찍 태풍 차바가 다녀가 오동도 관람이 통제되었다. 긴급 회의 끝에 우리는 해상케이블카와 돌산공원으로 일정을 변경했다.

케이블카는 바닥이 보이는 것과 안 보이는 것이 있다. 우리는 바닥이 보이는 것을 선택했다. 바닥이 보여서 신기한 훈련생, 무서워서 밑을 내려다보지 못하는 훈련생, 아무런 표정이 없는 훈련생……. 여느 사람들과 똑같이 우리는 해상케이블카를 탔다.

돌산공원까지 구경하고 우리는 문화 탐방을 마쳐야 했다. 부산에 돌아오기 위해서는 버스 시간을 맞춰야 했고, 부산에 돌아와서도 대중교통으로 귀가를 해야 하므로 여수에서 늦게까지 있을 수가 없었다. 2일차 문화 탐방이 너무 짧게 끝난 것 같아 아쉬웠다.

여행 후기

직업적응훈련생들은 문화 탐방을 통해 처음 경험하는 것들이 많았을 것이다. 스스로 의견을 제시하고 준비하는 여행이었기에 남이 짜 주는 여행, 부모님이 가는 대로 따라가는 여행과는 달랐을 것이다. 특히 직접 인터넷이나 관광 안내 책자를 보고 자신들이 정한 곳을 여행했기에 기대도 컸을 것이고, 추억도 많았을 것이다. 담당자로서 직업적응훈련생들이 새로운 경험을 할 때 반응을 살피는 것은 꽤 재미있다. 긍정적인 반응이 나타날 때에는 스스로 결정할 수 있게 기다려 주고 도와준 것이 보람 있고, 부정적인 반응이 나타날 때에는 여행의 좋은 점만 경험하지 않아 다행이라고 생각한다.

매년 문화 탐방이 끝나면 사진을 정리해 인화한다. 그러나 휴대전화가 점점 발전하면서 인화된 사진이 들어 있는 앨범을 잘 꺼내 보지 않는다. 나에게 앨범은 크고 무거우며, 어쩌다 집에 손님이 놀러 와서 어릴 때 사진을 보고 싶다고 얘기해야 꺼내는 물건이다. 그래서 한창 유행했던 포토북을 제작하기로 했다.

간단하게 하려면 단체 포토북을 제작해서 나눠 주면 되지만, 포토북을 만드는 이유부터가 나만의 사진책이 있었으면 좋겠다는 의도였기에 사서 고생을 했다. 개별로 사진을 정리하고, 단체사진을 정리해서 하나하나 넣어서 개별 포토북을 만들었다. 표지는 개인 사진 중 제일 잘 나온 사진을 선택했다.

포토북을 만드는 데 꽤 오랜 시간이 소요되었다. 퇴근 이후에도, 주말에도 만들었다. 빨리 만들어서 주고 싶었다. 우여곡절 끝에 포토북이 왔고, 다들 좋아했다. 민우는 복지관에서 만나는 선생님들마다 포토북을 자랑하며 자신의 사진을 보여 주었다. 그런 모습을 보니 포토북을 만드는 데 들인 시간이 전혀 아깝지 않았고, 나도 행복해지는 기분이었다.

문화 탐방 이후 훈련생뿐 아니라 보호자를 대상으로 만족도 조사를 실시했다. 전부는 아니지만 일부 보호자는 문화 탐방을 통해 자기 결정권이 향상되었다고 느끼고 있었다. '스스로 결정하고 책임지는 것, 의사 표현을 못하는 훈련생이 안내문을 보호자에게 전달함으로써 소통하는 것, 문화 탐방 회의 내용이나 여행지에서 본 것을 집에서 얘기하는 것' 등을 자기 결정권이 향상된 이유로 작성해 주셨다. 또한 사진을 잘 안 찍으려고 하는데 예쁜 사진이 많이 담긴 포토북을 만들어 줘서 고맙다고 했다. 기획부터 문화 탐방 실시, 결과 보고까지 약 3개월이 소요되었다.

나는야 장애인재활상담사!

장애인재활상담사는 직업을 통해 장애인의 삶의 질이 향상될 수 있도록 도와주는 사람이라고 생각하며 일해 왔다. 직업적응훈련은 장애인이 실제적인 작업 환경에서 적절한 행동, 가치, 태도를 발전시킬 수 있도록 지원하는 직업 전 훈련 과정이다. 개인 · 사회생활, 직업준비훈련, 직무 능력향상훈련 등의 훈련을 실시하여 직업 능력을 최대한 향상시킬 수 있도록 지원하는 서비스다.

장애인복지관의 직업적응훈련 이용자는 대부분 발달장애인이다. 직업적응훈련 담당자였던 나는 이전에 아르바이트를 해본 적이 없어서 직업생활을 나도 처음 경험했다. 이력서는 딱

한 번 써보았고, 일상생활에서도 부족한 부분이 많았다. 이렇게 부족한 나에게 직업적응훈련 업무는 매우 부담스러웠다. '내가 제공한 서비스가 훈련생들의 삶의 질 향상에 도움이 될 수 있을까?'라는 의문이 들 때에는 너무 힘들었다.

그리고 나는 글쓰기를 무지 싫어한다. 장애인들과 만나 상담하고 프로그램을 하는 것은 참 재미있는데 결과 보고서를 쓰는 것이 참으로 어려웠다. 결과 보고서를 쓰기 싫어서 일을 그만두고 싶었던 순간도 있었다. 이런 내가 지금 글을 쓰고 있다니 매우 놀랍다. 예전에 나의 상사가 "이용자들에게 쏟는 에너지의 반이라도 서류에 나눠서 쏟아 봐라."라는 핀잔을 주었다. 나는 아직도 대인서비스가 쉽지 않다. 발달장애를 가지고 있는 훈련생들을 지도하는 것도 쉽지 않다. 하지만 프로그램을 기획하고 실천하는 과정을 통해서 훈련생들이 긍정적으로 발전할 때 나는 행복을 느낀다. 하지만 글쓰기는 여전히 어렵다.

최근에 발달장애인 강사의 강의를 듣고 왔다. 강사는 발달장애인의 동아리와 자조모임을 지원하는 업무를 하고 있었다. 동아리와 자조모임을 지원하다 보니 자기 결정권이 얼마나 중요한 지 알게 되었다고 했다. 발달장애인의 경우에 부모가 자녀에 대한 일의 상당 부분을 대신 결정하는 경우가 많은데, 강사는 입을 옷, 저녁 메뉴부터 하나씩 하나씩 직접 정할 수 있게 기다리라고 했다. 발달장애인은 결정을 못하는 것이 아니라, 결정을 하는 데 시간이 걸리는 것뿐이라는 말이 참 인상 깊었다. 화분에 씨앗을 심은 후 자라기를 지켜보고 있는 사진을 보여 주며 '성장과 기다림'이라는 표현을 썼다. 화분에 씨앗을 심은 후 자라기를 기다리다 보면 어느새 새싹이 나오듯, 발달장애인이 성장하는 데 많은 기다림이 필요하다고 했다. 지금껏 현장에서 일하면서 발달장애인 강사의 강의는 처음 들었다. 정말 공감되고 감동적인 강의였다. 이 강의를 통해 나도, 발달장애 자녀를 가진 부모님도 기다릴 줄 아는 사람이 되어야 한다고 생각했다.

당신은 지적장애인, 자폐성 장애인을 어떻게 생각하는가? 발달장애인들도 자신의 생각이 있고, 욕구가 있고, 꿈이 있다. 이런 생각과 욕구와 꿈이 현실적이지 않을 수도 있고, 이루어지지 못할 수도 있다. 그러나 나는 이들의 생각과 욕구와 꿈이 표현되고 시도되어야 한다고 생각한다. 그래서 나는 발달장애인들의 의견을 더 많이 들을 것이다. 이들의 욕구와 꿈을 실현할 수 있는 방법을 찾기 위해 같이 노력할 것이다. 아마도 이 일을 통해 나는 행복할 것이다.

6

함께 성장하는 우리

하라희 글

6 함께 성장하는 우리

용감한 선택

현도 씨를 처음 만난 것은 2011년 4월이었다. 내가 근무했던 복지관은 개별 차트로 이용자의 정보를 관리했다. 당시 생성된 현도 씨의 차트 번호는 2011-111이다. 외우기도 쉬울 뿐 아니라 자폐 성향을 가지고 있는 현도 씨와도 뭔가 비슷한 느낌이 들어 여전히 기억하고 있다.

2011년은 내가 장애인복지관에서 직장생활을 처음 시작한 해다. 내가 처음 맡은 업무는 취업지원, 그중에서도 실제 근무하게 될 사업체 현장에서 훈련할 수 있는 기회를 제공하고, 1:1 맞춤 지원을 통해 취업 가능성을 높이는 지원고용이 주된 업무였다. 때문에 지적 · 자폐성 장애인을 만날 기회가 많았다.

당시 현도 씨는 빵 만드는 일을 하고 싶다고 했다. 현도 씨의 특기는 요리다. 한식, 양식, 제과 제빵, 케이크데코레이션 자격증도 취득했다. 심지어 요리를 좋아하는 아들을 위해 어머니는 분식집을 개업해서 현도 씨와 함께 운영하고 있었다. 사장님이나 다름없는데 왜 나를 찾아왔을까?

평소 잘 알고 지내던 친구가 현도 씨네 분식집을 찾아왔다. 바로 그 친구는 나와 도넛 가게에서 지원고용 현장훈련을 진행하던 훈련생이었다. 도넛 가게에서 일하는 친구의 소식을 접한 뒤, 도넛 가게에서 일하고 싶다며 몇 날 며칠 어머니를 조르고 졸랐다고 한다. 현도 씨의 성화에 못 이겨 결국 어머님도 같이 복지관에 오게 된 것이었다. 이후 현도 씨와 어머니는 분식집을 폐업하고 복지관의 취업지원서비스를 받기로 했다.

내가 만약 현도 씨였다면 복지관에 오지 못했을 것이다. 내가 만약 현도 씨 어머니였다면 아들을 설득시켜서 분식집 운영을 유지했을 것이다. 분식집 운영을 준비하며 투자한 시간과 비용, 내가 직접 가게를 운영하는 사장과 근로자의 신분은 확연히 다르기 때문이다. 다른 사람들은 내 결정을 어떻게 생각할까? 지금도 내가 하고 싶은 요리는 할 수 있는데, 새로운 직장은 괜찮은 곳일까 하는 막연한 두려움에 고민만 하다가 결국 제자리를 지켰을 것이다.

그래서일까? 현도 씨와 부모님의 결정이 대단한 용기로 느껴졌다. 사회 초년생이었던 나를 믿고 큰 결정을 내려 준 것에 대한 고마운 마음도 있었다. 그 마음이 현도 씨에게 조금 더 관심과 애정을 갖게 된 계기가 된 것 같다.

나는 첫 번째 직장이었던 장애인복지관에서 6년 10개월, 두 번째 직장인 장애인일자리센터에서 2년 1개월째 근무하고 있다. 현장에서 다양한 이용자를 만나더라도 직업적으로 준비된 이용자를 만나기는 쉽지 않다. 현도 씨처럼 완벽하게 준비된 이용자를 만난 내가 행운일지도 모른다. 왜냐하면 현도 씨의 취업을 지원하며 함께했던 시간과 그 경험이 지금까지도 내가 현장에 있어야 하는 이유가 되기 때문이다.

하고 싶은 일을 해야 하는 이유

당시 도넛 가게는 프랜차이즈였고, 지점별로 장애인 고용을 시도하고 있었으므로, 현도 씨는 어렵지 않게 취업이 이루어졌다. 주로 생산된 도넛 포장과 트레이(쟁반) 세척 업무를 담당했다. 기본 업무가 숙달되면 도넛 데코레이션도 시도해 볼 예정이었다. 하지만 도넛 생산 및 포장 업무에서 보인 산만한 태도가 걸림돌이 되어 시도조차 하지 못했다.

기대했던 새로운 업무 도넛 데코레이션! 하지만 이를 못하게 된 상황이 현도 씨에게는 큰 스트레스가 된 것 같았다. 살이 빠지기 시작했고, 퇴근 후 집에 오면 구직 사이트를 검색한다는 이야기를 현도 씨 어머니를 통해 전해 들었다. 결국 현도 씨는 1년 정도 근무 후에 퇴사를 결정했다.

다음은 이직을 준비하던 현도 씨에게서 받은 메일 내용 중 일부다.

"그리고 궁금한 게 있어요. 저는 3월 달에 어디서 취업해야 할지 잘 모르겠어요. 저는 어디서 취업해야 할지 기다리지 않았는데……. 정말 갑갑하고, 막막해요."

어순은 어색해도 취업 준비생의 절실한 마음이 그대로 느껴진다. 사실 현도 씨가 퇴사와 이직을 준비하는 과정에서 이렇게까지 힘들어 할 것이라고 생각하지 못했다.

흔히 적성과 흥미에 맞는 일을 해야 한다고 이야기한다. 하지만 내가 원하는 조건에 맞춰 일하는 사람들이 몇이나 될까? 내가 만난 장애인들은 다른 어떠한 조건보다 일할 수 있는 곳 자체를 희망했다. 내가 하고 싶고, 좋아하는 일을 해야 한다며 늘 입으로만 전했던 말이 마음으로 느껴졌던 시점이었다. 현도 씨는 '적성과 흥미'가 전문가로서 지원을 시작하는 '출발점'임을 다시 한번 깨닫게 해 주었다.

나는야 요리사

현도 씨가 원하는 음식서비스업, 단순한 주방 보조가 아닌 실제 요리 활동을 할 수 있는 직무를 중심으로 사업체 개발을 시작했다. 수십 곳의 사업체에 전화를 돌렸지만 불과 칼을 사용하는 위험한 주방 환경은 장애인 고용을 거절하는 데 괜찮은 핑곗거리였다. 그 중 단호하게 거절하지 못하는 한 업체를 설득한 끝에 면접 기회를 얻었다.

면접 날, 현도 씨를 다시 만났다. 흐트러짐 없는 올림머리와 깔끔하게 차려 입은 정장, 현도 씨의 표현에 의하면 심플 앤 럭서리 정장 스타일이다. 현도 씨의 설렘 가득한 발걸음이 인상적인 날이었다. 현도 씨는 면접에 대한 떨림과 긴장보다는 일을 할 수 있을지 모른다는 생각에 들떠 있었다.

점장님을 마주하고, 몇 가지 질문이 오갔다. 면접 질문은 마무리된 것 같은데, 한참 이력서만 보고 있던 점장님의 모습이 기억난다. 그 이유가 충분히 느껴졌다. 프랜차이즈 레스토랑의 경우에는 관련 전공자보다 단순 아르바이트로 일하는 경우가 더 많으니까. 그에 비추어 본다면 현도 씨의 이력서에는 거절할 이유가 없으니까……. 장애가 있다는 것만 제외하면 말이다. 그래서 점장님도 고민하지 않았을까 싶다.

채용에 대한 부담은 잠시 거두고, 현도 씨 또한 충분히 다른 직원들과 다르지 않은 직원이 될 수 있다는 모습을 보여 줘야 했다. 그렇게 다시 지원고용을 통한 3주간의 훈련이 시작되었다.

처음 주어진 업무는 식자재 준비였다. 각 메뉴에 따라 필요한 식재료를 일정한 크기와 무게에 맞춰 다듬고 준비하는 작업이다. 이 업체의 직무와 레시피는 정확하게 매뉴얼화되어 있었다. 고명으로 올라가는 홍고추의 크기도 정확한 수치로 명시되어 있다. 이러한 매뉴얼은 현도 씨가 업무를 익히는 데 상당한 도움이 되었다.

훈련 초기, 근무하는 직원들은 식자재를 준비하는 현도 씨의 모

습을 확인했다. 잘할 수 있을지, 잘하고 있는지 걱정스러운 마음이 컸을 것이다. 하지만 돌아갈 때에는 "우아! 나보다 낫네!"라고 했다. 레시피를 칼같이 지켜 재료를 준비하는 현도 씨가 신기했을 것이다. 자폐 성향이 빛을 발휘하는 순간이었다.

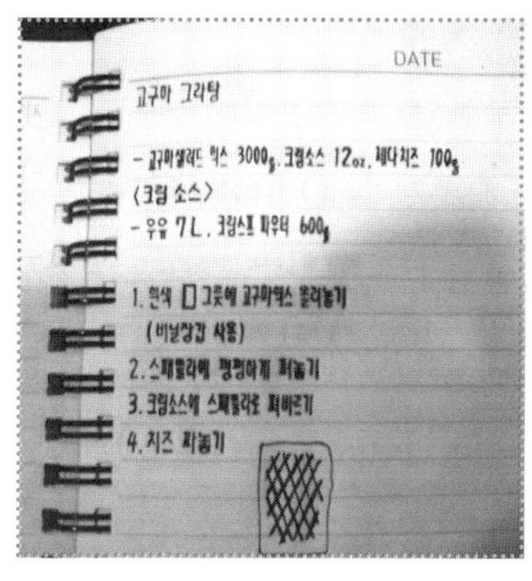

현도 씨는 불을 사용해 음식을 만드는 핫파트에 배정되었다. 핫파트에서는 주로 스프, 파스타, 볶음밥, 튀김 등의 음식을 만들었다. 메뉴가 10가지는 족히 됐던 것 같다. 하지만 현도 씨는 일주일 만에 대부분의 레시피를 숙지했다. 하루 8시간의 현장훈련을 마치면 사무실에 남아 그날 배운 레시피와 메뉴별 조리 시 주의 사항을 정리하는 시간을 함께 가졌다. 나는 늘 사업체 매뉴얼을 손에 쥐고 있었지만, 신기하게도 현도 씨는 레시피 노트에 정리만 하면 머릿속에 입력이 되는 듯했다. 마치 컴퓨터에 저장하듯이…….

훈련 후 현도 씨는 취업으로 연계됐다. 시즌별로 신메뉴가 개발되면 이전처럼 레시피 공부도 함께했다. 시간이 지나면서 핫

파트 오픈 준비는 현도 씨가 혼자 도맡아 할 수 있을 정도로 업무 능력이 향상됐다. 현도 씨는 메일을 통해 소소한 직장생활 소식을 전해 왔다. 새로운 직원을 의미하는 뉴페이스 이야기는 늘 빠지지 않았고, 주방장님이 뜨거운 오븐에 화상을 입어 속상했다는 이야기, 근태 상을 받았다며 더 열심히 하겠다는 내용들이었다. 시간이 지남에 따라 지점 상황에 의해 근무지가 변경되기는 했지만, 7년이라는 꽤 오랜 시간 동안 직장생활을 유지해 왔다.

현도 씨의 취업은 꽤 괜찮은 성과였다. 업무적인 것뿐만 아니라 장애인도 함께할 수 있음을 직원들이 느끼게 된 계기가 되었다. 이 사업체의 다른 직무로도, 다른 지점에서도 장애인 고용이 확대되었으니 말이다. 나의 경험으로 볼 때, 장애인식개선 방법 중 최고의 방법은 고용인 것 같다. 일회성 체험, 교육보다 같이 시간을 보내면서 맞춰 가는 과정을 통해 서로 이해하게 되고, 함께할 수 있다는 것을 자연스럽게 느낄 수 있으니까!

나도 편하게 일하고 싶다

현도 씨를 다시 만난 것은 2019년 3월이다. 다시 만난 현도 씨는 이직을 희망하고 있었다. 근무시간이나 쉬는 날도 불규칙하고, 불과 칼을 다루다 보니 다치는 일도 많아 힘들다고 표현했다. 현도 씨의 근무기간, 그리고 그간 한 번도 바뀌지 않았던 업무 파트를 생각하면 변화가 필요한 시점이라고 나도 공감했다.

현도 씨의 취미는 종이접기, 그림 그리기다. 취미 활동은 예전이나 지금이나 한결같다. 나의 책상에도 현도 씨에게 선물 받은 작품이 한 가득이다. 선물 중에서 색종이로 접은 색색의 복주머니가 있다. 특별한 점이 있다면 복주머니는 그날그날 만나는 사람들에게 전달된다. 현도 씨를 처음 만나는 사람들도 이 복주머니를 받을 수 있다. 심지어 복주머니를 전달하기 위해 은행, 우체국, 꽃집 등 직접 인근 상점에 방문하기도 하는데, 이게 바로 현도 씨만의 소통 방식인 것 같다.

두 번째 선물은 그림이다. 그래도 그림 선물은 어느 정도 친분이 있는 사람들에게 주는 것 같다. 한쪽에는 전신 그림이 있고, 그 옆에는 항상 이름, 나이, 취미, 특기 등의 간단한 프로필 내용이 들어가기 때문이다. 본인이 나름대로 정한 틀에 맞춰 그림을 그리려면 기본 정보가 필요하니까. 물론 이름을 제외한 다른 정보는 현도 씨의 생각에 의해 작성되기는 하지만 말이다. 아직 난 30대 초반이다. 그런데 이 그림 속의 나는 중년 부인이다. 그러니 그림을 보고 내 나이를 오해하는 일은 없었으면 한다.

현도 씨에게 오랜만에 그림 선물을 받았다. 예전에는 늘 드레스를 입고 있었는데, 지금은 각진 재킷이 인상적인 커리어우먼의 모습이다. 그림에서도 시간의 흐름이 그대로 느껴졌다. 서로 만나지 못한 시간 동안 나에게도 변화가 있었다. 현도 씨와 비슷한 시점에 이직에 대한 고민을 했고, 휴식기를 갖기도 했다. 직장을 그만두고 쉬는 동안에는 직업재활이 아닌 다른 분야로의 이직을 고민하기도 했다. 하지만 새롭게 직장생활을 시작한 곳도 장애인 일자리 업무였다. 그렇게 현도 씨를 다시 만난 것이다.

현도 씨는 여전히 요리와 관련된 직종에 취업하고 싶다고 했다. 다만 그전에 일했던 환경과는 차이가 있는, 그래서 또 다른 경험이 될 수 있는 곳을 희망했다. 지금 현도 씨는 병원 내 영양부에서 일을 하고 있다. 식권 관리 및 식당 내 비품 정리가 주된 업무다. 요리하는 일은 아니지만 식당을 이용하는 직원들에게 "식사 맛있게 드세요."라고 한마디 인사를 나누는 것에 즐거움을 느끼는 듯하다. 어머니를 통해 들은 바로는 현도 씨가 '요리하는 일은 하기 싫다'고 했단다. 아무래도 요리하는 것보다는 지금 맡은 일이 훨씬 수월하다고 느끼는 것 같다.

나 또한 직업재활 분야의 일을 시작할 때에는 힘들더라도 보다 체계적으로 그리고 잘 배우고 싶다는 생각이 컸다. 잘 배운 만큼 시간이 지나면 좀 더 수월하게 일할 수 있을 것이라고 생각했다. 하지만 경력이 쌓이는 만큼 업무의 난이도가 높아지고 책임도 커진다는 것을 몸소 느끼고 있다. 이 또한 처음 경험하는 것이기에 여전히 배우고 또 배우는 중이다.

그럼에도 마음 한 켠에는 늘 편하게 일하고 싶다는 생각이 자리 잡고 있다. 현도 씨의 마음이 이해가 됐다. 나름 경력직이니까. 현도 씨를 다시 만나면서 더 분명해진 것은 직장생활을 하던 나의 모습이나 이직을 준비하던 나의 모습이나 현도 씨와 별반 다르지 않다는 것이다.

취업지원 업무를 하다 보면 같은 행동도 누가 하느냐에 따라 지도의 대상이 되곤 한다. 특히 그 대상이 지적 · 자폐성 장애인일 경우에는 보다 엄격한 잣대가 적용되는 경우를 종종 경험한다. 비장애인이 요령껏 혹은 눈치껏 한 행동은 융통성이 있는 것으로 생각한다. 반면, 똑같은 행동을 장애인이 했을 때에는 문제행동으로 부각되기도 한다. 또 업무 성과가 좋지 않으면 최선을 다하지 않은 것으로 판단한다. 나도 신입 직원일 때에는 훈련을 받은 장애인이 일을 잘해서 취업에 성공하는 것이 중요했다. 하지만 지금은 우리가 지원하는 장애인 또한 나와 비슷한 생각을 가진 평범한 직장인임을 이해하는 것이 더 중요하다고 생각한다. 직업준비훈련과 취업을 위해 서비스를 요청한 장애인들은 가르침의 대상이 아니라 단지 이 부분에서 지원이 필요한 사람이라는 것을 잊지 않아야겠다.

7

함께하는 꿈! 도전!

이성하 글

7 함께하는 꿈! 도전!

나는 특수학교에서 근무하는 직업교육 특수교사[1)]다. 장애 학생들의 '직업'이라는 좁고 불확실한 영역에서 어떤 역할을 할지 많은 사람의 주목을 받으며 이방인과 같은 존재로 2001년에 특수학교에 첫 발을 내딛었다. 당시 특수교사는 특수교육학과를 졸업한 분들이 대부분이었다. 1999년도에 대구대학교 직업재활학과에서 직업교육 특수교사를 처음으로 배출하면서 특수학교에 직업교육 특수교사가 근무하게 되었던 것이다. 나도 그중 한 명이었고, 학교에서는 조금은 낯선 존재였다. 설렘과 무거운 책임감으로 첫 교직생활을 시작하였다.

1) 「장애인 등에 대한 특수교육법」 제23조(진로 및 직업교육의 지원)에서 중학교 과정 이상의 각급학교의 장은 특수교육대상자의 특성 및 요구에 따른 진로 및 직업교육을 지원하기 위하여 직업평가, 직업교육, 고용지원, 사후관리 등의 직업재활훈련 및 일상생활적응훈련, 사회적응훈련 등의 자립생활훈련을 실시하고, 대통령령으로 정하는 자격이 있는 진로 및 직업교육을 담당하는 전문인력을 두도록 규정하고 있음. 대구대학교에서 1999년부터 특수교사(직업교육)를 배출하기 시작하였음.

지금 생각해 보면 너무나 어리고 철이 없었던 것 같다. 열정만 가득하던 나에게 "선생님의 전공이니 선생님이 원하는 대로 하세요."라고 하신 교장 선생님의 말씀이 첫 교직생활에 매우 큰 힘이 되었다.

열 손가락으로 소통한 첫 직장

청각장애학교에서 직업교육 특수교사로 근무하며 대학에서 배웠던 것과 앞서 현장에 나간 선배님들의 도움으로 학교에 직업평가실도 만들고, 평가도구도 샀다. 그 당시 장애 학생들의 고등학교 졸업 후 진로는 취업과 대학 진학이 대부분이었다. 그 때는 지역 경제 상황도 괜찮아서 취업도 잘되는 편이었고, 50% 정도는 대학에 진학했다.

나는 학교에서 주로 진로와 관련된 수업을 맡았다. 정보처리 수업시간에는 컴퓨터와 관련된 기능을 익히고 문서를 처리하는 방법을 익히는 수업 내용이 대부분이었다. 하지만 직장 내 예절이나 대인관계와 관련된 내용도 추가하여 가르쳤다. 학생들에게 전문적인 기능도 중요하지만 직장생활을 위한 기본적인 예절이나 사람들과의 관계 형성이 더 중요하다고 생각했기 때문이다. 더군다나 청각장애 학생들의 경우에는 친구가 자신보다 월급을 조금만 더 받는다는 이야기를 들으면 회사를 옮기는 경우가 종종 있었다. 그래서 진로직업 수업시간마다 청각장애 학생들에게 귀에 딱지가 앉도록 "직장을 옮기지 말라!"를 외쳤다. "돈 조금 많이 준다고 직장을 옮기면 일이 힘들다."라고 말하면서 말이다. 내가 맡은 학생들도 이직과 전직도 잦았는데, 지금도 기억에 생생한 학생이 있다. 약간의 뇌성마비와 함께 청각장애를 가졌던 학생 형성이!

형성이는 뇌성마비로 인해 걸음걸이가 불안하고 발음이 좀 어눌하긴 했지만 늘 성실했다. 청소를 할 때면 다른 친구들보다 몇 배의 땀을 흘리면서도 자신이 맡은 일을 완수했다. 다행히 수어를 할 수 있었던 터라 다른 친구들과의 관계가 원만했다. 고3 졸업을 앞두고 형성이는 다른 친구들처럼 취업을 원했다. 하지만 중복장애를 가졌던 탓에 취업하기가 쉽지 않았다. 형성이는 누구보다도 더 성실하고 취업에 대한 의지도 강했지만, 이 학생과 함께 생활해 본 경험이 없는 회사에서는 뇌성마비가 있어 안전사고가 일어날 수 있다는 이유로 거절을 했다. 그래도 포기하지 않고 지역사회에 있는 농아인협회의 취업 담당 선생님과 함께 여러 회사를 찾았다. 그러다 자동차 부품 회사에 자리가 있다는 소식을 듣고 회사로 찾아갔다. 처음부터 취업을 허락하지 않았다. 이 회사도 다른 곳과 마찬가지로 안전사고를 우려했다. 나는 일단 1~2주라도 현장 실습을 해 보고 결정을 하면 어떻겠냐고 회사 측을 설득했다. 그렇게 현장 실습이 시작되었고, 형성이의 성실함 덕분에 최종 취업을 하게 되었다. 그렇게 형성이는 학교를 졸업하고 직장인으로의 삶을 시작했다. 그 이후 몇 년간 그 회사에서 일했다. 고등학교 졸업 후, 몇 달이 지나 형성이 어머니께 전화가 왔다.

"선생님, 더러워 죽겠어요."

"어머니, 무슨 일이 있으신가요?"

"아니, 월급을 받아와서 자기 돈이라고 하나도 못쓰게 하고 나에게 용돈을 달라는 거예요."

"아…… 후훗!"

전화를 끊으며 한참을 웃은 기억이 난다.

학생들이 처음 취업해서 돈을 벌게 되면 이렇게 자기 돈을 하나도 쓰지 않고 모으는 경우도 있고, 어떤 학생들은 버는 대로 다 써 버리는 경우도 있다. 하지만 대부분의 학생은 돈을 쓸 줄 몰라 못 쓰는 경우가 많다. 이때부터 학생들에게 돈을 어떻게 써야 하는지 알려 주는 것도 나와 부모님의 몫이라고 생각해서 돈 쓰는 법도 가르쳤다.

청각장애 학생들 중에는 졸업 후에도 종종 찾아와서 자신들의 미래를 의논하기도 한다. 집을 사고 싶은데 얼마를 더 모아야 하는지, 결혼을 하고 싶은데 어떻게 해야 하는지……. 이렇게 찾아오는 친구들을 보면 고맙기도 하고 기특하기도 하다. 또 한편으로는 이런 친구들의 요구를 들어줄 기관들이 많아졌으면 좋겠다는 생각이 든다.

장애 학생들의 대학, 전공과 탄생!

이렇게 청각장애학교에서 3년이라는 시간을 보내고 정서장애학교로 옮겨 근무를 하게 되었다. 우리 법인 산하에는 시각장애, 청각장애, 지체부자유, 지적장애, 정서장애 등 장애 영역에 따라 6개의 특수학교가 있고, 7년마다 정기전보를 하고 있다.

2007년 졸업식 날, 선생님도 학부모도 참 많이 울었던 기억이 난다. 지금은 상황이 많이 좋아진 편이지만, 그때는 정말 졸업 후 갈 곳이 많지 않았다.

고3 학기 초에 가정통신문으로 지역사회 장애인 관련 기관 정보를 드리고, 직접 찾아가 상담받을 것을 권유하였다. 그리고 학년 말쯤 복지관에 이용자 모집 공고가 나면 서류를 접수하고 면접을 보도록 전화도 했다. 그렇게 한 학생이 복지관에 면접을 보고 탈락하게 되는 일이 생겼다. 무슨 일이 있었는지 확인해 봤더니 면접을 보러 가서 소리를 지르고 우는 바람에 면접이 전혀 진행이 되지 않았다고 했다. 일반적으로 면접을 못 봤으니 떨어지는 것이 당연한 일인지도 모른다. 하지만 나는 이런 상황이 너무 답답하고 화가 났다. 결국 그 기관에 전화해서 "우리 학생들이 그러니까 그곳에 가지요."라고 이야기를 하고 말았다. 자폐 성향을 가진 학생이기에 낯선 환경과 새로운 사람 앞에서 아무것도 하지 못하고 남다른 행동을 하는 것을 그 기관의 선생님들도 전문가이기에 이해할 줄 알았다. 그러나 우리 학생들이 나아가야 하는 학교 밖은 그렇게 너그럽지 않음을 그제야 깨달았다. 나는 그 학생에게 조금의 시간이 더 주어졌더라면 하는 아쉬움과 함께 이런 상황을 어떻게 해결해야 할 것인지에 대한 또 다른 고민에 빠지게 되었다.

상황이 이렇다 보니 졸업식이야말로 부모님에게도, 학생들에게도 참 슬픈 현실을 직면하게 만들었다. 그래서 어떻게든 한 명이라도 졸업한 후에 갈 곳을 만들어 보려고 애썼고, 선후배에게 닥치는 대로 연락을 했다. 참 간절한 마음이었다. 특수교사라면 누구나 학생들도, 부모님도 좀 더 행복하게 살기를 원한다. 그래서 나는 더욱더 학생들의 진로를 지원하기 위해 동분서주했다.

졸업이 가까워지면 더더욱 그러하지만 많은 학부모님은 자녀가 학교에 1~2년이라도 더 머물기를 원했다. 이런 학부모들의 요구와 시대적 흐름으로 많은 학교에서 전공과[2] 과정이 개설되

2) 전공과란 특수교육기관에서 고등학교 과정을 졸업한 특수교육대상자에게 진로 및 직업교육을 제공하기 위한 과정으로 수업 연한이 1년 이상으로 운영됨.

었다. 우리 학교에도 드디어 전공과 과정이 만들어졌다.

2010년에 전공과 신설을 위한 작업을 진행하여 2011년에 드디어 전공과에 신입생을 받을 수 있게 되었다. 전공과 신설을 위해 학교에서는 교실도 추가로 확보해야 했고, 교육과정 등 여러 가지 작업을 해야 했다. 무엇보다도 전공과 신설 또한 예산과 맞물리는 부분이라서 해당 교육청에서 반드시 허가가 나야 했다. 졸업 후 진로를 고민하는 학부모와 교사들에게 전공과는 큰 희망이었고 빛이었다. 2011년은 그 학교에서의 임기 마지막 해임에도 불구하고, 교장 선생님의 배려 덕분에 첫 해 전공과 1년을 맡을 수 있었다. 고등학교를 졸업하고 전공 과정으로 입학한 학생과 22명과의 인연이 시작되었다.

전공 과정만 개설되면 우리 학생들의 진로가 좀 더 수월해질 것이라고 믿었다. 하지만 난 또 다른 고민에 빠졌다. 전공과 1년의 과정은 학생들이 사회로 나아가는 준비를 하는 데 그리 긴 시간이 아니었다. 나는 이 학생들과 부모님이 고3을 졸업할 때와 똑같은 고민을 1년 후에 하는 것을 원하지 않았다. 1년 간의 마지막 학교생활이었고, 졸업 후 학교가 아닌 또 다른 곳에서 무언가를 하며 살도록 지원해야 했다. 그것이 나의 임무라고 생각했고, 우리 학생들을 위해 할 수 있는 최선이라고 생각했다.

교실 팻말부터 학생들의 사물함, 전공과 교육과정, 개별화 전환 교육 계획 양식, 학생들의 현재 수준 파악을 위한 평가 자료까지 모든 것 하나하나에 정성을 쏟았다. 물론 그 모든 것은 함께한 동료 교사들이 있었기에 가능했다. 그렇게 전공과 2학급 22명의 학생과 부모님들도 모든 것을 함께하며 우리는 조금씩 성장해 갔다.

3월, 모든 학부모님과의 상담 및 평가 등을 통해 학생들의 특성을 파악하고, 사회로 나아가기 위한 준비를 했다. 먼저, 수업 시간 50분을 무시하고 100분을 한 시간으로 묶어 수업을 하고 휴식하는 방법으로 바꾸었다. 일반 회사에 가든, 직업재활시설에 가든 필요한 부분이었다. 학생들은 너무 힘들어 했다. 처음에는 작업시간 20분도 못 채우고 다른 핑곗거리를 찾고 있었다. 달래기도 하고, 엄하게도 하고, 그렇게 시간이 지나면서 조금씩 적응하기 시작했다. 단순한 작업부터 비누 만들기, 수건 전사 등 다양한 활동을 하며 학생들의 직업적 강점을 하나하나 찾기 시작했다. 정확하게 재단하고 포장하는 것을 잘하고 좋아하는 현이, 레시피만 있으면 척척 알아서 재료를 계량하여 음식을 만드는 명희, 느리지만 꾸준히 하는 환희, 물건 운반이며 작은 작업까지 척척 알아서 하는 병희 등……. 한 학기 동안 다양한 수업과 활동을 통해 학생들의 특성을 파악하고 여름방학부터는 그에 맞는 진로를 연결하기 시작했다.

취업의 첫 관문 지원고용

여름방학 시작쯤 3명의 학생이 한국장애인고용공단을 통해 이불을 만드는 회사에서 지원고용을 시작했다. 우리 학생들은 재봉틀에서 나오는 이불을 정리하기, 포장된 이불을 크기별로 분류하기, 운반하기 등의 일을 하였다. 이 중 한 명이 참 많이도 속을 태웠다. 아침에 일찍 일어나서 출근하는 시간을 지원해 줄 사람이 없었던 환희였다. 결국 나는 새벽에 일어나서 방학 3주 동안 환희의 출근을 지원했다. 우리 집에서 환희 집까지는 자동차로 40분 거리다. 그래도 나는 포기할 수 없었다. 어떻게든 깨워서 출근을 지원하고, 지원고용을 성공적으로 수료하여 근로계약까지 체결하고 싶었다. 지금 생각해 보면 이런 목표가 나의 욕심이었던 것 같다. 환희의 환경적인 요인, 개인적인 특성을 좀 더 잘 파악했더라면 하는 반성을 했다. 이후 학생들의 취업을 지원할 때에는 더 꼼꼼하게 학생들의 특성과 환경을 살폈고, 이에 적합한 직무를 찾아 연결하기 위해 노력했다.

결국 3주의 지원고용이 끝나고 1명만 취업이 되었다. 환희는 그렇게 3주의 지원고용을 마치고 학교로 돌아왔다. 개학 첫날, 나를 보는 미안한 눈빛……. 나는 화를 낼까 어떻게 할까 망설였다. 그런데 환희가 "선생님, 한 번만 더 기회를 주세요. 잘할게요."라고 하는 것이었다.

“환희야, 아침에 일찍 일어날 수 있겠니?”

“아니요…… 선생님, 솔직히 아침에 일찍 일어나는 것은 진짜 힘들어요.”

그래도 나는 다시 한 번 더 도전해 보기로 했다.

환희에게는 하루 종일 일하는 것은 적합하지 않다는 결론을 내렸다. 특히 아침에 일찍 일어나는 것은 환희에게 무리였다. 집에서 지원해 줄 사람도 없었고, 스스로 하기에도 역부족이었다. 그렇게 고민을 하며 한국장애인고용공단의 담당자와 협의를 한 결과, 12시부터 5시까지 일하는 외식업체 주방 보조 직무를 택했다. 그 당시에는 외식업체들이 주방 보조로 장애인을 많이 채용하고 있었다. 아침에 일찍 일어나지 않아도 되니 늦잠 잘 걱정을 안 해도 되고, 5시간 정도면 일의 강도도 적당하다고 협의되어 두 번째 지원고용을 시작하게 되었다. 환희와 함께 민수도 그곳에서 지원고용을 시작했다. 설거지 기계에 그릇을 넣고 세척하는 직무의 순서를 익혔다. 직무 기능은 민수가 훨씬 뛰어나 민수는 세척 기계 쪽에서 일하고, 환희는 세척된 그릇을 마른 수건으로 닦는 일을 했다. 3주의 지원고용[3] 동안에 나는 주방에서 학생들의 직무 지도를 했다. 환희는 처음에는 서툴고

3) 지원고용이란 15세 이상 중증장애인을 대상으로 3~7주간 사업체 현장훈련을 거쳐 취업으로 연계하는 프로그램으로 훈련기간 동안에는 일하는 방법을 알려주고 사업체 적응을 돕기 위하여 직무 지도원을 배치함.

속도도 매우 느렸지만 조금씩 익숙해지기 시작했다. 다행히 주방에서 일하는 다른 분들도 우리 학생들을 이해하고 기다려 주셨다. 이렇게 지원고용이 끝나고 2명 모두 채용되었다. 너무 좋아서 마음속으로 환호성을 질렀다.

환희는 스스로 일어나 출근도 잘했고, 조용하고 성실한 성격 덕분에 회사에서도 인정을 받아 그 후 6년 정도 그곳에서 일을 했다.

이렇게 2학기는 한 명, 두 명 실습을 하고 취업도 하게 되었다. 취업을 했다고 해서 마음 놓고 있을 수는 없었다. 학생들의 적응 지원을 위해 처음에는 일주일에 한 번 사업체를 찾아갔다. 조금 적응이 되면 이 주일에 한 번, 그 후에는 한 달에 한 번씩 현장을 찾아갔다. 학생들의 힘든 이야기도 듣고 현장에서 함께 일하는 동료들의 애로사항과 회사의 어려운 점도 듣고 서로의 입장을 조율해 주었다. 사업체에서는 자주 찾아가는 특수교사의 얼굴을 봐서라도 종종 발생하는 문제행동을 넘어가 주기도 했다. 그렇게 학생들은 직장생활에 조금씩 적응하며 성인으로 한 걸음 더 성장해 갔다.

특별한 도전!

병희는 훤칠한 키에 뽀얀 피부, 밝은 미소가 매력적인 학생이다.

3월에 처음 만났을 때 병희는 자폐 성향과 함께 몸을 앞뒤로 흔드는 틱장애를 가지고 있었다. 틱은 일반 고등학교에 다니면서 받은 스트레스와 긴장으로 인해 생겼다고 했다. 병희는 포장하기, 박스 옮기기, 조립하기 등의 작업을 매우 잘했다. 친구가 잔소리를 하거나 자신의 일을 간섭하는 것을 매우 싫어했다. 병희는 의사소통도 원활한 편이었고, 작업 능력도 좋았다. 가만히 있는 것보다는 움직이는 것을 좋아했다. 병희의 직업적 강점을 고려하여 박스 공장에서 지원고용을 하게 되었다. 병희는 만들어진 박스를 옮기고 쌓는 일을 했다. 물론 업무 능력도 좋았기에 병희는 근로계약서를 작성하고 정규직으로 일을 하게 되었다. 그런데 얼마 지나지 않아 문제가 생겼다. 같은 작업장에서 일하는 직원과의 말다툼이 있었다. 직원이 병희에게 거칠게 잔소리를 하자, 이를 참지 못한 병희가 욕을 하며 소리를 지르는 일이 발생했다. 나는 회사로 달려가 상황을 중재했다. 그 후에도 몇 번의 같은 상황이 반복되었고, 병희는 회사를 그만두게 되었다. 병희는 이때 상처를 많이 받았다. 함께 일하던 분의 거친 성격과 행동이 병희의 내면에 남아 있었던 것이다. 어떻게든 병희의 상처가 빨리 아물기를 바라며 종종 전화 통화를 했다. 병희 어머니께서도 종종 전화를 하여 병희의 안부를 전했고, 앞날의 계획들을 의논했다.

그리고 병희는 다시 장애인 다수 고용 사업장에 들어가게 되었다. 기능적인 면에서는 우수하였기에 몇 년을 그곳에서 일했다. 그런데 그곳에서도 지적장애 친구와 다툼이 있었다. 다른 사람 일에 간섭하는 것을 좋아했던 지적장애 친구는 병희에게 잔소리를 했고, 이 상황이 싫었던 병희의 분노가 폭발하는 일이 발생했다. 그곳의 원장님과 담당 선생님도 괜찮다며 몇 번을 이해하고 지나갔다. 사실 이런 상황은 누구 한 사람의 잘못이라고 말하기는 어렵다. 그런데 이런 일이 반복되면서 병희 어머니는 다른 사람들에게 미안함이 커졌고, 결국 병희는 그곳을 그만두고 집으로 돌아갔다. 병희는 그때부터 병원을 다니며 약물을 복용하기 시작했다. 병희 어머니는 병희와 함께 종교생활도 하고, 병희가 좋아하는 서점에도 다니고, 시골에 가서 농사일도 돕게 했다. 그렇게 2~3년의 시간이 지나 병희는 심리적으로 안정을 찾아갔다. 2019년 여름, 병희 어머니께 전화를 드렸다.

"어머니, 보호작업장에 근로장애인 자리가 있는데 병희가 가면 좋을 것 같아요. 작업장 분위기도 병희에게 잘 맞을 것 같아요."

"선생님, 안 그래도 이제 병희가 좀 안정기에 접어든 것 같아서 올 가을쯤엔 어디라도 보내야겠다고 생각하고 있었는데 선생님 우째 알고 전화했어예?"

"하하하! 어머니 그러면 제가 면접 일정 잡고 다시 연락드릴게요."

이렇게 병희는 면접을 보고 장애인 직업재활시설에서 근로장애인으로 다시 일을 하게 되었다. 얼마나 다행인지 모른다. 요즘도 병희는 종종 나에게 전화를 해서 안부를 묻기도 하고, 자신에게 일어난 일들을 이야기한다. 병희는 주중에는 매일 8시간씩 일을 하고, 일요일에는 성당에 나가 미사를 드리며 열심히 자신의 삶을 살고 있다.

오랜 시간 전공과가 만들어지기를 기다려서일까! 전공과 설치 계획서부터 교실, 교육과정 모든 것 하나하나 많은 열정을 쏟아부어서 일까! 전공과 학생들과의 만남은 졸업한 지 10년이 다 되어 가는 지금도 진행형이다. 우리는 가끔 전화로 서로의 안부를 전하고 1년에 한 번이나 2년에 한 번 정도 만난다. 이들과의 만남은 여전히 가슴 설레며 기다려지는 일이다. 제자들, 부모님들과의 만남은 나에게 행복이고 에너지다.

저마다 다른 자기만의 색깔을 가진 우리 학생들. 나의 일은 이들에게 적합한 진로를 함께 고민하며 새로운 길을 만들어 가는 것이다. 때로는 즐겁고 때로는 힘들기도 하다. 지금 나는 특수학교 진로 전담 교사로서 또 다른 장애 영역의 학교에서 새로운 시작을 한다. 힘듦보다는 꿈과 희망이 크기에 오늘도 제자들의 꿈을 응원한다. 제자들이 좀 더 넓은 세상으로 나가서 보다 행복한 삶을 꿈꾸었으면 좋겠다.

설탕 10g
소금 4g
Recipe

직업재활 현장 에세이

8

시간이 필요해

심은애 글

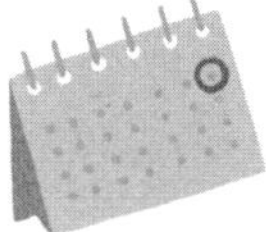

8 시간이 필요해

찬성 씨를 처음 만난 것은 15년 전이다.

나는 복지관에서 직업적응훈련을 담당하고 있었고, 훈련생으로 프로그램에 처음 참여하게 된 찬성 씨는 지적장애를 가진 스물을 갓 넘긴 청년이었다.

찬성 씨는 "모르겠어요."를 "저는 별 생각이 없어요."라고 표현한다. 지적장애와 자폐성장애를 동반하고 있지만 나에게는 곧잘 속마음을 얘기했다.

찬성 씨는 복지관에서 하는 작업활동 프로그램에는 영 소질이 없었다. 어떤 이유에서인지 작업 속도가 느렸고, 이해도 잘되지 않는다고 했다. 그래서 생산직보다는 다른 직무로 취업 알선을 지원해야겠다고 생각했다. 그러던 어느 날 루나피자 외식업체에서 장애인 근로자를 구인했다. 찬성 씨는 2주간의 현장훈련 프로그램을 통해 취업에 성공했다. 설거지를 하고 매장을 청소하는 간단한 업무였다. 설거지는 자신 있어 했다. 찬성 씨는 맡은 업무를 곧잘 했다. 얼마 후 사업체를 방문했을 때 피자에 토핑을 얹고 스파게티를 만들고 있었다. 레시피대로 하면 되는 일이어서 찬성 씨에게 딱 맞는 업무였다. 스파게티를 주문했는데, 매니저님이 찬성 씨가 만들었다며 칭찬을 아끼지 않았다. 찬성 씨의 직무 만족도도 높았다.

그렇게 시간이 한참 지났다. 찬성 씨의 어머니에게서 가끔씩 아들이 일을 잘하고 있다는 전화가 왔다. 그 사이 점장님이 여러 번 바뀌었지만 찬성 씨는 고용 유지가 계속되었기 때문에 취업 후에 적응 지도가 필요 없을 만큼 베테랑이 되었을 것이라고 생각했다.

어느 날 루나피자에서 직원을 더 채용하겠다는 연락이 왔다. 그래서 나는 찬성 씨가 일을 잘해 주어서 장애인 근로자를 채용하는 줄 짐작했다. 그러나 실상은 그렇지 않았다. 아르바이트생도, 점장님도 여러 번 바뀌어서 찬성 씨는 사업장에서 고참이 되었다. 일을 하다가 마음이 상하면 앞치마를 벗어던지고 말도 없이 퇴근해 버리는 일이 몇 번 있었다. 회사에서는 장애인 의무고용제도 때문에 어쩌지 못하는 상황이었다. 아찔했다. 비장애인 동료들이 장애인 근로자를 어떻게 생각했을까? 장애인 근로자에 대한 인식이 나빠지지 않았을까 걱정했다. 그렇다고 당장 그만둘 수도 없었다. 그렇게 시간은 계속 흘러갔다. 장애인 고용 업무를 하다 보면 별다른 해결책이 보이지 않을 때가 있다. 이런 경우에는 사업체 담당자와 동료들에게 미안하다. 나는 몇 차례 방문하여 이해를 구하고 '미안하다, 죄송하다, 조금만 더 기다려 달라' 부탁하면 그만이지만, 이분들은 그 장애인 동료와 매일 같이 일을 해야 하기 때문이다.

이직 준비

시간이 흘러 찬성 씨는 결혼을 했다. 같은 장애가 있는 예쁜 친구를 만나 결혼을 하고 아기도 태어났다. 그런데 외식업체이다 보니 한 가정의 가장 역할을 하기에는 월급이 적었고, 근무시간도 불규칙했다. 그래서 찬성 씨는 이직을 희망했다.

어떤 일을 하면 좋을까? 우리는 함께 고민했다. 생산직은 여전히 흥미가 없고, 월급은 가능한 한 많아야 했다. 마침 한소망 요양병원에서 장애인 직원을 채용한다는 연락이 왔다. 발달장애인 요양보호사 보조일자리 사업에 참여하는 협력기관이라서 나는 발달장애인 채용을 제안했다.

이번에는 지원고용 프로그램을 통해 3주간 현장 실습이 이루어졌다. 입원한 어르신들이 치료를 받을 때 병실에서 물리치료실이나 작업치료실로 모셔다 드리고 치료가 끝나면 모셔 오는 것이 주된 업무였다. 간단한 심부름하기, 말벗, 주변 정리하기 등의 직무도 수행했다. 찬성 씨는 직무를 잘 이해하고 성실하다는 점을 인정받아 채용이 되었다. 그렇게 찬성 씨의 이직은 성공적이었다.

찬성 씨의 아버지도 병원 계통에서 일하다 보니 아버님과 잘 아는 수간호사가 근무하는 층으로 직무 배치를 받았다. 나는 더할 나위 없이 안심이 되었다. 그러나 수간호사님은 찬성 씨를 힘들어 했다. 업무를 지시하면 정확하게 이해하지 못하고, 업무 지시를 잘 따르지 않기 때문이었다. 자신의 감정대로 화를 내거나 "참 기분이 좋은가 봐요!"라고 비꼬는 말투 때문에 상처를 받기도 했다.

그렇게 회사에서의 갈등은 깊어졌다. 이때 찬성 씨 어머니는 회사에서 부담스러워 할까 봐 찾아가지 못했는데, 장모님이 직접 수간호사를 찾아가 사과도 하고 이런저런 이야기를 나누었다. 찬성 씨 장모님은 지적장애를 가진 자신의 딸과 자폐성장애를 가진 사위를 같은 시선으로 보았다. 사실 두 장애는 분명한 차이가 있고, 대화 방법도 다르다. 다행히 수간호사님은 찬성 씨의 말투에 악의가 없다는 점과 직무를 지시할 때 반복적으로 알려 주어야 한다는 점을 파악했다.

찬성 씨는 내가 취업 후 적응 지도를 위하여 병원에 방문하면 "안녕하세요!"라고 반갑게 인사한다. "일은 잘하고 있느냐, 재미

있느냐"와 같은 질문에는 "예" 하고 간단히 답하지만, "아기 잘 크죠?"라는 질문에는 활짝 웃으며 "이제 아기가 걸어요. 너무 예뻐요."라고 대답했다. 그리고 일을 마치면 집에 가서 육아를 도와 주고 설거지를 한다고 했다. 나의 육아 경험담을 이야기하며 우리는 자녀를 가진 부모로서 육아의 힘듦과 고충을 나누기도 했다.

함께 할 방법 찾기

병원에는 지적장애인이 1명 더 취업했고, 발달장애인 요양보호사 보조일자리 사업에 참여하는 3명의 근로자를 포함해서 모두 5명의 발달장애인이 일하고 있다. 사회성이 좋고, 잘 웃고, 친절한 지적장애인 동료들과 인사도 하지 않는 찬성 씨와는 많이 달랐다.

수간호사님은 고민이 많았다. 찬성 씨가 잘 근무할 수 있도록 도와주고 싶다고 했다. 근로지원인제도[1]가 생각났다. 직원들에게 인사를 잘하지 않는 부분, 같은 직무를 반복해도 숙지하지 못하는 부분을 근로지원인이 배치되어 지원해 준다면 좋지 않을

1) 중증장애인 근로자가 핵심 업무 수행 능력을 보유하고 있으나 장애로 인하여 부수적인 업무 수행에 어려움을 겪고 있을 때 근로지원인의 도움을 받아 업무를 수행할 수 있도록 지원하는 제도

까 싶었다. 수간호사님은 차분하고 찬성 씨를 잘 이해해 줄 수 있는 분이 좋을 것 같다고 하였다. 부모님도 그런 제도가 있다면 활용하겠다고 했다. 자기부담금이 있다고 안내해 드리자 필요하다면 얼마든지 지불하겠다고 했다. 사회복지사 자격증을 가지고 있지만 자녀 양육 때문에 전일제 근무가 어려운 분이 찬성 씨를 매일 6시간 동안 지원해 주는 조건으로 근로지원인에 채용되었다. 근로지원인은 일터에서 찬성 씨가 동료들과 상사들에게 인사하도록 지도했다. 또한 찬성 씨의 업무를 체계적으로 안내하고 지원했다.

찬성 씨는 근로지원인에게 마음의 문을 열었다. 매일 6시간 동안 옆에서 직무를 반복적으로 지원해 주니 서투르던 직무 수행이 상당히 좋아졌다. 특히 인사하는 것이 많이 좋아졌다.

찬성 씨의 채용을 결정했던 병원장님께도 인사를 안 했던 찬성 씨…….

어느 날 찬성 씨는 병원장님께 "안녕하세요!"라고 인사를 했다. 병원장님은 찬성 씨에게 인사받기를 포기했는데 인사를 먼저 해 주는 찬성 씨가 너무 고맙고 반가워서 "그래, 아기는 잘 크고?"라고 질문을 했다. 하지만 병원장님은 자신의 질문을 듣지 않고 저만치 가 버린 찬성 씨의 뒷모습과 마주해야 했다. 찬성 씨에게는 아직 시간이 더 필요한가 보다.

변화를 위한 시간

장애인 근로자가 채용되면 있는 그대로 받아들이고 이해하려고 노력하는 사업체가 있다. 반면에 맡은 임무를 잘 완수해 주기만을 바라면서 장애인 근로자의 단점만을 이야기하는 사업체도 있다. 장애인 근로자가 일을 하는 데 불편한 점은 없는지 배려하는 사업체가 있다. 또한 강점을 발휘하기도 전에 정리해고를 하고 다른 근로자를 채용하겠다는 사업체도 있다.

찬성 씨가 일하는 이 요양병원의 동료 근로자들은 찬성 씨를 있는 그대로 이해하려고 노력했다. 퇴사보다는 함께할 방법을 찾고자 애썼다. 병원장님은 찬성 씨의 일방적인 인사에 기뻐하셨다. 나는 참 고맙고 감사했다. 찬성 씨의 직무수행력은 아직 만족스럽지 못하다. 찬성 씨가 병원장님과 눈을 맞추며 인사하고, 몇 마디의 대화를 주고받는 날이 올지 안 올지 확신할 수 없다. 하지만 분명한 것은 찬성 씨가 이곳에 계속 출근할 수 있다면 찬성 씨는 조금씩 발전할 것이고, 맡은 업무를 잘 완수할 것이다. 찬성 씨의 입장에서 생각해 보면, 찬성 씨는 자신이 중요하게 생각하지 않는 많은 것을 조금씩 양보해 가며 자신의 몸에 맞지도 않는 불편한 옷에 적응하기 위해 발버둥 치고 있는 것은 아닐까? 보통 사람들이 원하는 방식으로 반응해 보이기 위해 익숙한 자신의 패턴을 이를 악물고 바꾸어 보려고 노력하고 있지 않을까 생각해 본다.

그렇게 시간은 흐르고 흐를 것이다. 찬성 씨도 찬성 씨의 주변 사람들도 조금씩 변화하고 양보하며, 이해와 오해를 반복하며 시간은 흘러가겠지…….

9

꿈

김학천 글

9
꿈

누구나 어릴 때 꿈을 가지고 산다.

"커서 무엇이 될 거야?" 어릴 때 이런 질문을 많이 받아 봤을 것이다. 그런 질문에 내 대답은 항상 "의사가 되어 아프리카로 가서 환자를 치료하며 도우며 살고 싶다."였다. 그렇게 살고 싶은 꿈이 있었다.

꿈이 무엇이냐는 질문에 대한 나의 대답은 고등학교 1학년까지는 항상 같았다.

그러나 고등학교 2학년 2학기부터는 그런 대답에 자신이 없어졌다. 의대로 진학하기 위한 성적과는 거리가 점차 멀어지기 시작했고, 고등학교 3학년이 되자 거리가 좁아지기는커녕 더 멀어졌다.

고등학교 3학년 2학기였다.

이제 선택해야 한다. 어느 대학, 어느 학과를 지원할지.

이미 의대 진학 커트라인과는 차이가 많이 나 있었다.

'그래도 어릴 적 꿈인 의사는 아니더라도 다른 직업으로 남을 도우며 살 수 있을 것'이라는 생각으로 진학할 학과를 찾아보았다.

아, 장애인…… 장애인을 돕는 학과를 가야겠다.

그 당시는 문과, 이과로 나누어 지원해야 하는 시기였기 때문에 생각났던 문과 계통의 특수교육학과는 지원하지 못하고 이과 계통의 치료특수교육학과만 지원이 가능했다.

그러나 확실한 합격 안정권을 적극 권유하는 담임 선생님의 만류로 결국 특수교육 계열은 지원하지 못했다.

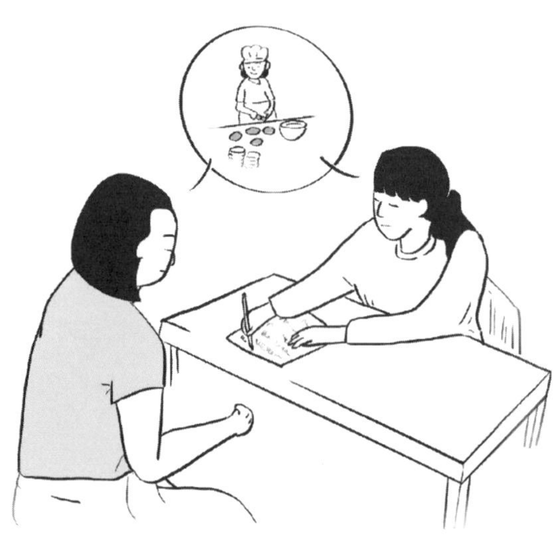

직업재활학과

장애인을 도울 수 있는 직업을 가지기 위해 또 어떤 학과가 있을까 물색하던 중 눈에 띈 '직업재활학과!'

'재활'이란 말이 들어 있으니 이 학과를 졸업하면 장애인을 도울 수 있을 것이라는 막연한 생각을 가지게 되었고, 결국 지원하여 합격했다.

대구대학교 직업재활학과는 우리나라에서 1988년도에 직업재활의 학문을 처음 시작한 학과였고, 이제 갓 여섯 번째 신입생을 받는 신생학과다. 그래서인지 교수님들이 우리나라에서 빨리 뿌리를 내리도록 교과과정의 안정화, 출신자들의 전문성에 많은 노력을 기울이고 계신다.

여하튼 특수교육, 재활, 심리, 복지 등의 단어가 들어가는 과목들을 이수하고 1학년, 2학년, 3학년, 4학년을 거치면서 차츰차츰 장애인에게 직업재활이 얼마나 중요한지를 알게 되었다.

큰 뿌리를 내려 준 첫 직장

졸업 후 다양한 장애인복지시설로 취업 경로가 있었다. 하지만 나는 그중에서도 장애인과 숙식을 하거나 아니면 그에 준하는 생활을 할 수 있는 직장을 원했다. 그러다 보니 '장애인복지관'의 경우 당연히 희망 직장에서 제외되었다.

4학년 1학기를 마칠 쯤, 지도교수님의 추천으로 각각 다른 유형의 2개의 시설에서 면접을 보게 되었다. 그중 하나는 장애인거주시설에 있는 장애인보호작업장, 나머지 하나는 장애인 거주시설에 있는 장애인근로사업장이었다.

당시 이런 유형의 시설은 장애인복지관보다 근무 환경이 좋지 않고, 보수도 낮은 것이 일반적이었다. 근무 환경과 보수를 크게 개의치 않았던 터라 흔쾌히 면접을 보게 되었고, 합격 여부를 기다리고 있던 중 먼저 합격 통보를 해 온 장애인근로사업장에 입사하기로 결정했다.

두둥!

합격 통보를 받고 입사 전에 사전 방문하여 담당 부서장과 만남을 가졌다.

"최소 한 달 이상은 여기 기숙사에서 근로장애인과 함께 숙식해야 하고 주말과 공휴일에는 집으로 귀가할 수 있어요. 주중에는 외출 허가를 받고 나가세요."

그렇다. 생각하지도 않게 원하는 바가 이루어졌다. 숙식!

그 당시만 해도 사서 고생을 하는 스타일이었던 터라 기숙사 생활은 부담보다는 오히려 먹고 자는 부분이 자연스레 해결되어서 더 좋게 받아들였다.

24시간 동안 근로장애인과 같이 지내다 보니 그들의 다양한 모습을 보게 되었고, 일하는 부분 외에 다른 생활 면면을 보게 되어 직업재활 측면에서 매우 유익했던 것으로 기억에 남아 있다.

초반에는 근로장애인의 모습을 관찰하는 것부터 시작했다. 작업 물량을 생산하는 다양한 공정을 익히기 시작하면서 어떤 부분이 개선되어야 하고, 어떤 작업 동작을 변경해야 하는지가 차츰차츰 눈에 들어오기 시작했다.

첫 번째로 개선한 것은 시간 개념이었다.

아침을 먹고 나름 개인 신변 처리를 하고 난 후 오전 9시에 작업장 앞에 모여 간단한 체조를 하고 일과를 시작해야 하는데, 대다수가 9시라는 출근 시각을 지키고 있지 않았다. 일찍 와 있는 근로장애인도 더러 있지만 늦게 작업장에 오는 근로장애인의 경우에는 그 개념 자체에 대한 중요성을 인식하지 못하고 있었다. 그래서 도입한 게 출퇴근 카드였다. 처음에는 마분지를 특정 크기로 자른 후 줄을 그어 성명, 날짜, 출근시간, 퇴근시간을 수기로 적어 주었다. 글을 모르는 지적장애인이 다수여서 시간은 직접 적어 주었지만 본인의 이름이 적힌 출퇴근 카드는 찾게끔 했다. 당시 특수학교를 졸업하고 직업재활시설에 입사했지만 아직 자기 이름을 쓰지 못하는 지적장애인이 많았다. 그렇더라도 나의 생각은 '글자를 자주 반복해서 보여 주면 자기 이름

세 글자만큼은 알기 쉬운 그림이나 도형으로 인식할 수 있지 않을까?'라고 생각했다.

그래서 작업장에서 일을 시작하고 마칠 때 본인 이름이 적힌 출퇴근 카드를 찾아오게끔 훈련을 했고, 본인 출퇴근 카드를 찾지 못하면 출퇴근 시간을 지연해서 적어 주는 부적 강화를 제공했다. 본인 카드를 결국 찾아서 가져올 때에는 자존감을 느낄 수 있도록 칭찬과 함께 본인 이름의 모양새에 대하여 지속적인 각인을 제공했다. 어쨌든 출퇴근 카드를 사용한 이후 아침이면 너나없이 지각하지 않기 위해서 서로가 독려하고 다그치기까지 할 정도로 시간 개념이 많이 개선되었다.

두 번째로 개선한 것은 적재적소의 업무 배치였다.

당시 내가 근무하던 작업장은 종이 쇼핑백을 조립한 후 포장하여 외주로 납품하고 있었다. 종이 쇼핑백이란 매우 간단한 작업과 공정으로 이루어졌지만 중증의 지적장애인들이 수행하기에는 어려운 부분이 없잖아 있었다. 종이 쇼핑백을 완성하고 또 납품하기에 용이하게 개수를 세어 정리하기까지 여러 공정이 순서대로 이루어져야 하지만 하나의 공정이 지체되면 다음 공정이 지체되고, 또 그 다음 공정이 지체되고, 그렇다 보니 시간 내에 완성된 종이 쇼핑백의 개수가 현저히 적었다. 그래서 근무하기 시작하면서 제일 먼저 한 일이 근로장애인의 근로 능력 수준을 파악하는 것이었다. 이것과 관련하여 당시 공정별로 배치된 근로장애인의 수준을 면면히 살펴보니 맞지 않은 부분이 많았다. 예를 들면, 손의 기민성이 우수한 장애인이 의외로 너무 간단한 작업 공정에 배치되어 있다든지, 반대로 손의 기민성이 현저히 떨어지는 장애인이 전체 공정을 볼 때 상대적으로 어려운 공정에 배치되어 먼저 빨리 작업을 마친 장애인이 마냥 쉬고 있고, 그 다음 공정을 해야 하는 장애인은 자꾸 일이 쌓여만 가는 등 근로 능력 수준에 따른 적절한 업무 배치가 이루어지지 않고 있었다.

그래서 입사 후 3주 동안 유심히 근로장애인의 작업 모습을 관찰하여 특징적인 부분을 메모했다. 실제 이러한 메모는 부서장의 첫 지시사항이기도 하였다. 3주간의 관찰 결과를 보고 드리니 나름 충분하다고 판단하였는지 당초 예정된 최소 한 달간의 기숙사 생활을 3주간으로 줄여 주었다. 여러 상황을 고려하여 근로 능력 수준이 제일 낮은 장애인을 제일 쉬운 작업으로, 상대적으로 높은 수준의 근로 능력을 가진 장애인은 좀 더 어려운 작업으로, 그리고 숫자를 셀 수 있는 장애인은 완성된 물건이 몇 개인지 파악하는 쪽으로 배치하고, 먼저 본인의 작업이 끝난 장애인은 지체되고 있는 공정에 전환 배치하여 협력적인 체계를 갖추어 나가도록 하였다. 이렇게 하다 보니 소화할 수 있는 작업 물량이 현격하게 늘어나게 되었고, 효율적으로 공정이 진행되었다. 어쩌면 일반 공장에서 당연하다고 할 수 있지만 장애인이 하는 작업을 어떤 시각에서 보느냐에 따라 큰 차이가 나타난다. 즉, 직업인으로 성장하는 게 목표인지, 아니면 사회적 보호차원으로 이런 활동들을 하게 할 것인지 어떤 관점이냐에 따라 접근 방식에 많은 차이를 보인다.

세 번째로 개선한 것은 작업 물량에 따른 탄력적 근무 형태였다.

내가 근무한 시설은 근로작업장으로, 보호작업장과는 달리 일반 회사의 경쟁고용과 비슷한 수준의 작업 형태를 갖추고 있다. 따라서 상황에 따라 일반 회사나 공장에 전이가 가능하게끔 훈련하는 것이 중요했다. 하지만 당시에는 일반 회사나 공장에서 생산해 내는 물량을 현격히 따라가지 못하고 있었다. 그리고 개인별로 담당하는 작업량 또한 그러했다. 과연 이 장애인들이 경쟁고용시장에서 잘 버틸 수 있을까 하는 생각을 할 때 그 대답은 희망적이지 못했다. 이렇다 보니 외주를 주는 업체에서는 더 많은 물량을 시설 쪽으로 배당하지 않아 자연히 수입이 증가하지 않았다.

그래서 앞서 적재적소에 업무를 배치하여 작업 물량이 눈에 띄는 결과를 지켜본 외주업체에서는 조금씩 물량을 더 많이 배당하기 시작했고, 늘어난 물량을 기한 내에 완성하여 납품하기 위해서는 추가적인 시간을 할애해서 작업을 해야만 했다. 즉, 경쟁고용시장에서 흔히 얘기하는 '야근'을 시작한 것이다. 실제 근로장애인의 면면을 보면 경쟁고용이 충분히 가능한 장애인들도 많았다. 따라서 이 대상자들이 일반 회사에 취업을 했을 때 불가피하게 요구되는 '야근'이라는 근무 형태에 적응하기 위해서는 현 시설 환경에서도 습숙이 필요하다고 판단했고, 필요에 따라 '야간' 작업도 진행했다. 물론 나부터 솔선수범하였고, 어떻게든 경쟁고용시장에서도 충분히 적응이 가능한 직업인으로 성장할 수 있도록 지원하고 싶었다. 그렇다 보니 작업 물량에 대한 근로장애인의 대처 능력이 굉장히 유연해졌고, 일반 회사에서도 어느 정도 사후지도만 해 준다면 충분히 직업재활시설에서 일반 사업체로 전이가 가능할 만큼 성장한 근로장애인들도 있었다.

다른 한편으로 생각해 보면 나는 근로장애인에게 모진 교사였다. 반성할 것도, 미안한 부분도 꽤나 많음을 부인할 수 없다. 그러나 나는 개인적인 사정으로 첫 직장생활을 짧게 마무리했다. 아쉬움이 많았지만 첫 번째 직장생활에서 처음하게 된 직업재활 업무는 참으로 소중한 경험으로 간직하고 있다.

욕심, 좌절, 그리고 또 다른 기회

나의 두 번째 직업재활 현장은 농아인과 함께였다. 엄밀히 따지면 세 번째 직장이다. 나는 친척이 운영하던 시설에서 잠시 머물러 일했던 두 번째 경험을 제외하고 싶다.

내가 두 번째 현장으로 가게 된 사연을 먼저 이야기하고자 한다. 첫 직장에서 정말 열혈정신으로 몸과 마음을 다하면서 나름 마음고생을 하고 있던 때에 일말의 욕심이 생겼다. 마침 여기저기서 지인들로부터 서울·경기 지역 근무 제안이 계속 있었다. '내가 여기서 이렇게 마음고생할 바에는 좀 더 편한 곳에 가서 지금보다 나은 보수를 받는 게 낫지 않을까!'라는 생각이 더욱 깊이 자리를 잡아 가기 시작했고, 그런 곳으로 가고 싶었다.

그래서 제안받은 기관에 원서를 냈는데, 분위기와 달리 최종 결과는 좋지 못했다. 그리하여 친척 분의 제안으로 대전의 모 시설에서 일을 하게 되었다. 친척의 도움을 받는 것을 싫어하는 성격 탓에 근무하는 내내 불편했다. 게다가 급속도로 건강이 나빠지기 시작했다. 결국 이 시설에서 퇴사를 하고, 경기 지역의 한 장애인복지관에 면접을 보았고, 합격 통보를 받았다. 하지만 건강 상태가 더 나빠져 병원에 입원하게 되었고, 입원 치료가 길어지면서 합격 취소 통보를 받았다. 나는 병세가 악화되어 걷는 것조차 힘들 지경에 이르렀다. 이런 와중에도 서울·경기 지역에서 취업 제안이 들어왔고, 평소 내가 일하고 싶었던 곳이었지만 일을 할 수 있는 몸 상태가 아니었다. 그런데 대구광역시 농아인협회에서 근무하는 지인으로부터 취업 제안이 와서 나의 건강상태를 이야기했으나 그럼에도 불구하고 지속적인 요청이 있었고, 나는 그 제안을 수락하여 농아인 분야 직업재활 현장에 발을 내딛게 되었다.

대학교를 다닐 때 수어를 교과목에서 잠시 배우고, 또 농아인협회에서 운영하는 수화 초급 과정을 수료했지만 농아인과 대화하기에는 턱없이 부족한 수어 실력이었다. 초창기에는 필담으로 많은 업무를 진행했고, 부득이한 경우에는 수어통역사 동료에게 동행을 요청하여 해결하기도 했다. 업무 특성상 농아인과 대화를 많이 하기 때문에 수어 실력은 조금씩 향상되었다.

농아인의 직업재활 현장 업무 경험을 토대로 몇 가지 소견을 이야기하고 싶다. 보통 장애인을 구인하려는 사업체나 취업 알선 기관에서는 농아인은 신체적으로 건강하기 때문에 업무 수행에 있어서 다른 장애 유형에 비해 큰 문제 없이 충분히 일을 처리할 수 있다고 생각한다. 그렇기 때문에 입사 과정에서 너무 쉽게 채용을 결정한다. 충분하지 않은 면접으로 입사를 하게 되고, 충분한 정보를 전달받지 못한 농아인은 풀리지 않는 의구심과 소통의 부족으로 근무하다가 결국 아무 조력도 받지 못하고 스스로 퇴사하는 경우가 꽤 많다. 지금도 이런 일은 비일비재하다. 이렇다 보니 '농아인은 이직이 잦다' '어제 취업한 농아인이 오늘은 다른 회사에 취업이 되어 일하고 있다'는 선입견과 선부른 일반화를 많이 한다.

나 또한 업무 초기에는 이런 경험이 종종 있어 당혹스럽기도 하고, 기분이 굉장히 나빴다. 그래서 몇 차례의 경험을 토대로 그 원인을 분석해 보니 입사 과정이 매우 중요함에도 불구하고, 취업 알선이나 면접 과정을 너무 가볍게 생각하고 소홀했던 것이 주요 원인으로 판단되었다. 사업체에서는 농아인이 면접 내용을 모두 이해했다고 착각한다. 농아인 입장에서는 '일단 일을 해보면 차츰 알게 되겠지.'라고 생각한다. 이것이 바로 의사소통의 오류이고, 문제의 발단이다. 이러한 오류가 불신을 양상하게 되고, 결국 이직이나 사업체의 부정적 시각을 조장하게 만든다. 그리고 수어라는 언어로 이루어지는 '농문화'의 특징을 결코 간과해서는 안 된다. 보통 사람들은 '농문화'를 전혀 인식하지 못하는 경우가 허다하다.

이러한 시행착오를 겪으면서 나는 취업 알선이나 면접 과정을 세밀하게 준비하고 신경을 쓰기 시작했다. 시간이 더 들더라도 충분한 대화가 오고가게 하고, 서로 궁금한 점은 그 자리에서 질문과 대답을 들으며 많은 정보를 이해할 수 있도록 지원했다. 그리고 일말의 아쉽거나 궁금한 점이 있으면 그 자리에서 질문할 수 있도록 요청했다. 궁금한 사항은 면접 과정에서 대부분 해결할 수 있도록 도왔고, 서로의 요청에 대한 해결책이나 개선사항을 이야기하고 합의할 수 있도록 도왔다. 면접 과정에서 충분히 의견을 교환한 후 최종적으로 채용 결정을 할 때에도 수차례 마음 다짐이나 확인을 하여 입사와 채용에 대해 서로가 책임의식을 가질 수 있도록 했다.

사업체와 농아인 근로자 간의 원만한 합의가 이루어지지 않을 경우에는 성급히 입사와 채용을 결정하지 않고, 결정을 보류하거나 쌍방이 거절 의사를 분명히 밝히도록 확인하는 과정을 또한 거쳤다. 이러한 과정을 거칠 때 사업체와 농아인은 보다 신중한 태도를 가졌고, 서로 간의 만족도가 훨씬 높아진다는 것을 확인할 수 있었다.

지방 최초로 설립한 농아 전문복지관에서

농아인협회에서 2년 정도 직업재활 업무를 담당하고 있을 무렵이었다. 2002년에 대구에서 청각장애인 전문복지관 건립을 계획하고 있었다. 이 당시 청각장애인 전문복지관은 전국에서 단 2곳, 모두 서울에 있었다. 본의 아니게 복지관 초기 수탁과 운영을 총괄했다. 복지관을 세팅하고 개관과 동시에 총무기획팀장을 맡으면서 직접적인 직업재활 현장보다는 관리 운영 업무를 하게 되었다.

초기 복지관 세팅이 끝나고 나는 곧 내부 인사 이동으로 직업재활팀의 팀장을 맡았다. 이 무렵 보건복지부에서 장애인 직업영역 확대와 관련된 사업을 공모했다. 농아인의 직업재활 영역에서 꼭 필요한 사업이기 때문에 공모 사업을 준비했다. 사업 아이템을 고민했다. '농아인하면 미술 분야, 디자인 분야가 뛰어나지!'라는 일반화된 시각을 가지고 이 분야의 직업 영역을 고민하던 중 현수막이 선뜻 떠올라 복지관과 거래 중인 현수막 업체를 방문하여 시장 현황과 공정을 유심히 파악했다. 하지만 현수막의 가격 경쟁이 너무 심해 저가 공략으로 시장이 매우 불안정한 상황에서 현수막만 하면 힘들다고 판단하여 자동차나 외벽 랩핑 작업도 같이 하는 사업 아이템을 구상했다. 이런 작업을 통칭할 수 있고, 공모 사업 심사위원들도 고개를 끄덕일 세련된 용어가 필요했다. 고민 끝에 찾아낸 용어가 '디지털 프린팅'이었다. 그래서 공모 사업명을 '청각장애인 디지털 전문가 양성사업'으로 정했다. 신청한 계획서를 토대로 1차 서류가 합격되고, 보건복지부 정부청사에서 여러 심사위원을 앞에 두고 2차 면접을 보았다. 면접 질문 중에서 한 심사위원인 교수가 이런 질문을 했다.

"고객들이 주문한 물건에 대해 디자인을 수정해 줄 것을 요구하는 경우도 있는데, 그럴 때에는 청각장애인이 어렵지 않겠어요?"

정확하게 기억나지 않지만 나는 이렇게 답변한 것 같다.

"그렇게 생각하시면 지금 사회에서 청각장애인의 직업 영역

확대는 어렵습니다. 고객의 디자인 수정 요구는 웹페이지 시안에서 댓글로 가능하고, 필요에 따라 건청인 직원이 조력을 하면 됩니다."

결국 최종 선정이 되어 고가의 기기들과 차량을 구입하고, 5명의 청각장애인 훈련생이 참가하여 사업을 시작하였다. 개인 사정상 사업 진행 최종 단계까지 직접 마무리하지 못하고 퇴사를 하였지만 이 사업들이 이후 지속적으로 확장되어 별도의 업체를 설립하게 될 정도로 성장하였다. 어떻게 보면 청각장애인이 실제 디자인 세계에서 능동적으로 해 나갈 수 있는 직업 영역이 개발된 것에 나름 보탬이 된 것 같아 큰 보람을 느낀다.

지금 나는 창녕 지역의 장애인복지관에서 근무하고 있다. 복지관 옆에는 장애인근로사업장이 있다. 시설을 이용하는 장애인과 직원들을 오고가며 자주 보게 되는데, 어느 날 그중 낯익은 얼굴이 보여서 확인해 보니 근로사업장의 디자이너였다. 이 분은 대구에서 '디지털 프린팅' 사업 초기에 함께했던 청각장애인 훈련생이었다. 이 근로사업장에서는 현수막과 디지털 프린팅 사업을 하고 있기 때문에 대구에서 '디지털 프린팅' 프로그램의 훈련생 3명이 근로사업장에 취업하였고, 이 중 1명이 계속 근무 중이다. 대구에서 교사와 훈련생으로 만나 창녕에서 근로자와 근로자로 만나게 되어 반갑게 인사를 나누었던 좋은 기억이 있다.

직업

직업은 소중하다. 직업이 가지는 의미는 참으로 다양하다. 직업이 없다고 상상해 보라. 직업은 생계 유지는 물론 인간으로서 자아실현이 충족되고, 의존에서 독립으로 살아나갈 수 있게 하는 매개체다. 장애인이 한 인간으로 사회에 온전히 자리매김하기 위해서는 직업을 가지는 것은 매우 중요하다. 재활상담사들은 복지의 개념이 아닌 사회통합의 개념으로 장애인의 직업재활 현장을 바라보는 것이 중요하다. 또한 사회 통합의 개념을 넘어 이제는 인권의 관점에서 현장을 바라보아야 한다. 재활상담사의 전문 지식에 의존하는 서비스 제공이 아닌 장애인 스스로가 선택하고 결정할 수 있는 시스템이 이미 작동되고 있다. 우리는 직업을 선택하고 우리의 인생을 결정한다. 선택에는 책임이 따르고, 우리는 그 책임을 완수해야 할 의무가 있다. 그 의무를 다할 때 우리는 발전한다.

10

A방법보다 B방법이 편한 사람들

송미연 글

10
A 방법보다 B 방법이 편한 사람들

처음 직업재활학과 공부를 시작해서 졸업할 때까지, 그리고 현장 안에서 늘 풀리는 않는 질문이 있다.

“청각장애인은 장애인인가? 장애인이 아닌가?”
“그들의 지적 수준이 정말 낮은 것인가?”
“청인(聽人)들은 왜 ‘청각장애인은 아무리 설명을 해 줘도 몰라’ 또는 ‘고집이 세서 그래’라고 할까?”

나는 지금도 여전히 이 질문들에 대한 답을 찾고 있다. 아니, 나름의 답을 찾았으나 이것을 사람들이 이해하기 쉽게 어떻게 설명할지 고민하고 있다는 것이 더 정확한 표현이다. 자칫 내가 말하는 것이 때로는 엄청난 ‘수어 언어주의자’라는 오해를 받을 수 있기 때문이다.

"음성 언어는 그들이 편하게 소통할 수 있는 언어가 아니잖아요!" "사람들이 수어로 설명해 주면 안 되나요?"라고 말하면 으레 돌아오는 반응은 "우리 사회는 음성 언어로 소통하는데 수어로 해 달라는 말인가요? 그런 억지가 어디 있나요?"다. 사실 내가 한 말의 본래 의미는 대화, 소통에 관한 한 청각장애인이 편안하게 여기는 방법에 관심을 가져야 한다는 것이다. 나는 결코 수어만을 최선이라고 생각하지 않는다. 청각장애인이라고 해서 수어만으로 소통하는 사회를 꿈꾸는 사람은 더욱 아니다. 물론 내가 '수어 언어주의자'로 인식되는 것 따위가 중요하지도 않다. 다만 그 말 속에 내가 진심 어리게 전하고 싶은 말을 왜곡하는 것, 그리고 나로 인해 청각장애인을 향한 또 다른 색안경을 덧씌우는 것이 몹시도 싫을 뿐이다. 그래서 우리가 전문가라면 이 글을 통해 '청각장애인' 또는 '농인'에 대해 사회가 어떻게 인식하고 있으며, '그들을 만나는 우리가 참 전문가인가?'에 대해 한 번쯤 자성해 볼 수 있는 글이 되었으면 하는 바람이다.

A방법만 있다고 생각하는 세상의 시선

사람들은 나와 직접적으로 상관있는 일이 아니라면 무덤덤하게 또는 너무나 쉽게 말하는 경향이 있다. 그래서 사람들은 청

각장애인에 대해서도 흔하게 이런 말을 하곤 한다.

"청각장애가 있으면 어때요? 신체는 건강하잖아요? 못할 것이 뭐 있겠어요?"

그러나 현실의 반응은 어떨까?

"(귀사의) 업무를 성실히 잘 수행할 수 있는 괜찮은 분이 계시는데 면접을 봐도 될까요?"라는 질문을 했을 때 그것이 곧 자신의 업무나 영역에 포함되는 현실로 다가서면 어김없이 돌아오는 답변이 있다.

"아! 잘 안 들리세요? 그럼 우리 회사는…… 우리 회사는 소통이 중요하거든요. 그래도 지시가 바로 전달되어야 하지 않겠어요?"

"그럼 말은 할 수 있어요? 말은 좀 하셔야 할 텐데……."

"소리 듣기가 좀 안 되고, 말을 잘할 수는 없지만, 진짜 잘 보거든요. 일반인들보다 보는 감각이 정말 민감해요. 그래서 귀사의 직무와 잘 어울릴 것 같아요."라고 부연하여 설명을 하지만, 기다렸다는 듯이 돌아오는 말은…….

"그게…… 빨리 전달이 되어야 하거든요. 우리 회사와는 좀 안 맞을 것 같아요."

"그래도 제 입 모양을 보면 어느 정도는 이해할 수 있죠? 서로 대화는 되어야 하니까……. 그렇지 않겠어요?"

장애에 대한 사회의 인식이 많이 바뀌고 있다지만, 수십 년 동안 참 더디고 느리게 변화하는 모습을 보이는 사회의 편견에 답답함을 호소하는 이들, 그들이 바로 우리 사회를 살아가는 대다수의 청각장애인이다.

우리는 일상에서 장애인을 만났을 때, 장애로 인한 제한이 어느 정도인지를 확인하지 않는다. 다시 말해, 휠체어를 이용하는 이들에게 "일어설 수 있어요?" 또는 "얼마나 걸을 수 있어요?"라는 어이없는 질문을 던지지 않는 것이 당연하며, 보행할 때 흰 지팡이를 사용하는 이들에게 "볼 수 있어요?" 또는 "어느 정도 보여요?"라고 묻는 이들도 없다. 설상 그들의 마음의 소리로는 그런 말이 맴돌았다고 할지라도 밖으로 내뱉는 것은 실례되는 말이라는 것을 알기 때문일 것이다.

그러나 세상의 몇몇 사람은 유독 청각장애인에게만은 "좀 들을 수는 있죠?" "어느 정도 들을 수 있어요?" "그래도 말은 할 수 있죠?" 등을 종종 확인한다. 즉, 청인(聽人)들이 사용하는 음성 언어의 사용이나 당연히 들을 수 있어야 함을 은연중에 강요하고 있다. 청작장애인 중 주(主) 의사소통으로 수어를 사용하는 농인의 경우에도 외국인처럼 하나의 언어 공동체로 인정하며 통역 등 다른 소통 방법을 생각하기보다는 음성 언어의 사용 유무가 여전히 중요한 관심사가 되고 있다. 그것이 청각장애인에 대해 우리가 가지는 보편적인 사회의 시선이다. 비단 그것은 타인의 시선만이 존재하는 공간적 사회에서만이 아니라, 가장 가까운 가정이나 학교 등의 일상에서도 존재한다.

세상 사람들은 너무나 당연하게 '세상 사람들과 소통하려면 주류 사회에서 사용하는 음성 언어를 할 줄 알아야 하지 않겠는가!'라며 주류 사회에 맞춘 기준이 정답인 것처럼 청각장애인을 바라본다. 그런 시선이 지속된다면 청각장애인은 자신의 의지와는 상관없이 장애 프레임에 갇혀 살아야 할 것이다.

A방법이 유일한 사회에서 직업인으로 살아가야 하는 청각장애인

세상의 유일한 소통 수단이 A방법, 즉 '소리(hearing) 소통'이라면 그들이 더 잘할 수 있는 잠재력은 늘 A방법 속에 가려 있어 보이지 않기 일쑤다. A방법, 즉 주류 사회에서 사용하는 음성 언어만을 통해 소통하는 청각 중심의 의사소통만이 정말 사회에서 유일한 방법일지에 대해 생각해 보아야 할 때인 것 같다.

그들은 교사가 될 수 있는가

당장 내 아이를 가르치는 교사가 청각장애인이라고 한다면 어떤 생각이 먼저 떠오를까? A방법만으로 살아온 우리는 온갖 부정적인 말들을 쏟아낼지도 모른다. 물론 어떤 이들은 청각장애를 지닌 교사가 청각장애를 지닌 학생을 가르치는 것은 가능하다고 생각할 수도 있다. 그렇다면 평범하게 자라 온 청인 학생들에게 청각장애 선생님이 가르치는 것은 왜 안 되는가?

물론 이미 오래전부터 청각장애인들 중에는 교사라는 소임을 수행해 오는 분들이 많이 있다. 청각장애 학교는 물론 그 외의 특수학교에서도 근무하고 있다. 잠시 나는 '그들이 왜 일반 학교 교사는 못 되겠는가?'라고 다소 엉뚱한 질문을 해 본다. 여기 '엉뚱함'이란 음성 언어가 주류인 사회에서 낯설게 느껴지는 말일

뿐 허무맹랑함으로 느껴지는 말이 아니기를 바란다.

어찌되었든 청각장애인을 교사로 인정하는 변화 속에는 물론 우려 섞인 시선이 전혀 없었던 것은 아니다. '그래도 조금은 들을 수 있고, 말은 할 수 있어야 선생이지 않겠는가!'라는 것이 세상의 시선이다. 그것을 고독하게 감당해 낸 이들이 바로 지금 B방법, 즉 '보기(seeing) 또는 느끼기(feeling)'가 더 편함에도 그것이 용인되지 않고 A방법만이 통용되는 사회를 살아가는 청각장애인들이다. 교사로서 소임을 다하고 있는 그들에게 감사한 이유는 그들 덕분에 청각장애인의 유망 직종 하나가 늘어난 것이며, 많은 후배 청각장애인이 그들을 롤모델 삼아 꿈을 꾸고 있기 때문이다.

그들은 택시 운전기사가 될 수 있는가

불과 3, 4년 전의 일로 기억한다. 당시에 '장애인 택시 운전기사 양성과정'이라는 것이 한참 홍보되고 있었다. 장애 유형이 표시되었던 것은 아니지만 지체장애가 있는 운전면허증 소지자가 대상이리라 생각된다. 여느 때처럼 구직하기 위해 기관을 찾은 청각장애인과의 짧은 상담은 '지금 당장은 취업 자리가 없습니다.'라는 말로 끝났다. 그때 한쪽 벽면에 '장애인 택시 운전기사 양성과정'을 홍보하는 포스터가 붙어 있었다. 상담실을 나서려던 청각장애인이 그것을 보고 장애인 택시 운전기사를 하고 싶다고 했다. 그는 운전면허증도 있고, 운전을 잘해서 지난 수십 년간 무사고였다는 사실을 내게 어필했다. 아마 자신만큼 택시 운전을 잘할 수 있는 사람은 없을 것이라고도 했다. 더불어 청각장애인 중에는 무사고 운전자가 많고, 그들은 모두 택시 운전을 잘할 것이라며 농인 공동체의 구성원까지 홍보하는 센스를 보였다.

그분의 말씀에 나는 전적으로 공감했다. 청각장애인의 운전 실력만큼은 나도 장담할 수 있다. 한국농아인협회에서 운행하는 기관차의 기사는 단연 청각장애인이다. 그들이 운전하는 차량을 타 본 경험상 좌우는 물론 전후방을 살피는 청각장애인의 민첩함과 넓은 시야에 '우아! 우아!' 감탄사를 남발했다. 내 기억 속에 더욱 놀라웠던 것은 차체에서 전달되는 미세한 진동을 예리한 촉각으로 느끼고는 차량의 이상 유무까지도 점검했던 모습이다. 내가 탔던 차량의 청각장애인 기사가 보여 주는 행동 하나하나는 나를 안전하게 목적지까지 데려다줄 것이라는 강한 믿음을 안겨 주었다. 평소 내가 별로 중요하게 여기지 않았던 감각들을 활용하여 그들은 나에게 안정감을 주었다. 그래서인지 내 손은 어느덧 양성과정을 운영하는 기관으로 전화를 걸고 있었다. 취업 가능 여부는 차후에 논의하더라도 장애인 택시 운전기사 양성과정을 일단 수강하게 해 주었으면 해서다. 그러나 "청각장애인은 안됩니다."라는 냉정한 답변이 수화기 너머로 들려왔다. 그렇다. 무작정 양성과정을 수강할 기회를 달라고는 했지만, 그것을 운영하며 실적을 내야 하는 기관의 사정을 모르는 내가 아니라 마냥 우길 수만은 없었다. 통화하는 동안 내 눈앞에는 '일단 등록하게 해 달라고 말해 보라.'고 하염없이 의사 표현을 하는 청각장애인의 쉴새없이 움직이는 손과 간절한 눈빛이 보였다. 그러나 어느새 내 손과 얼굴에서는 '안 된다고 하네요. 농아인협회가 됐든, 여러 명의 농인이 함께 민원을 넣든 간에 어떻게든 해 봅시다.'라는 수어 통역이 시작되었다. '너무 매몰차게 말했나?' 하는 마음에 미안함도 생겼다. 그러나 그런 상황이 익숙한 듯 이내 '그래, 내가 못 들으니까…….'라며 돌아서는 그의 뒷모습이 몇 년이 흐른 지금도 아련하다. 그 말 외에 마땅한 대안이 없었다고 변명하고 싶다. 이런 현실이 답답하다고 호소하고 싶다.

이제야 생각해 보면 양성과정의 담당자도, 나도 어쩌면 택시 운전을 하려면 A방법의 소통이 유일하다고 생각한 것이다. 청각장애인을 잘 알고 이해한다는 나조차도 A방법이라는 프레임에 매여 청각장애인에게 "안 됩니다!" "못합니다!" "없습니다!" 등의 부정적인 수어만 수없이 남발해 왔던 부끄러운 기억이다.

그런데 그로부터 2~3년 후 한 언론에서 '청각장애인 택시 운전기사'가 소개되었다. 그렇게 얼마 지나지 않아 유튜브에서 '청각장애인 택시 운전'을 검색하면 관련 영상물이 꽤 많이 나왔다. 그중 어떤 영상을 열어 보더라도 A방법이 유일한 것이었다면 그들은 지금도 꿈꾸지 못하는 택시 운전기사임을 엿볼 수 있다. 또 처음에는 다소 불편하게 느껴지는 B방법이 나쁘게만 볼 것이 아니라는 것도 알 수 있다. 청각장애인 운전기사의 무사고 행보, 청각장애인의 넓은 시야 확보, 촉각으로 느끼는 수많은 정보……. 그것은 청각장애인이 운전하는 차를 타 보고 내가 인식했던 그들의 능력이다. 그들이 가진 그러한 능력이 바로 그들을 당당한 택시 운전기사로 거듭날 수 있게 해 주었던 것이다. 순간 과거의 일이 오버랩되면서 그 옛날 만났던 그 청각장애인을 다시 만나 알리고 싶다는 마음이 간절하다. 이렇게 세상이 바뀌었다고. 지금이라도 양성과정에 참여해 보는 것은 어떠냐고. 혹은 참여해 보았냐고.

물론 청각장애인도 충분히 택시 운전기사가 될 수 있음을 깨닫게 해 준 이들이 있다. 그들은 바로 '고요한 택시'라는 애플리케이션을 개발한 기술자들이다. 그들은 나보다 더 청각장애인을 잘 이해하고 있었던 것 같다. 그들은 A방법이 최선이라고 생각하지 않았다. 그들 덕분에 청각장애인 직업 영역에 '택시 운전기사'라는 직업군이 이제 더 이상 낯설지 않게 되었다. 뜻밖의 기회를 통해 손님의 안전과 이동을 책임지는 일을 하게 된 청각장애인들. 그들의 자녀, 그들의 부모, 그들의 형제는 더 이상 청각장애를 부끄러워하지 않고 당당한 사회인으로 나선 그들이 자신의 가족임을 자랑스러워할 수 있게 되었다. 이제 그들은 사회의 낙오자나, 실패 또는 거절 상황에 학습된 무기력자가 아닌 당당한 사회인으로서의 자부심을 가질 수 있게 되었다.

그들은 의사가 될 수 있는가

전혀 실현 가능성이 없는 어이없는 발상이라는 생각이 먼저 들 것이다. 아마 현재 우리 사회에서는 "어림없는 소리 하지 마라!"라며 황당한 표정을 지을 사람들이 많을지도 모르겠다. 그러나 외국에서는 청각장애인이 의사뿐만 아니라 변호사 등 전문 영역에서 엄연히 활동하고 있다. 그들이 특출난 사람이라서? 아니면 그들이 존재하는 나라가 특별한 곳이라서? A방법이 통용되고 주류가 되는 사회에서 B방법으로도 얼마든지 가능함을 인정해 주는 사회가 아닐까? 아마 그 사회 공동체의 구성원의 의식 속에는 'A방법이 통하지 않는 사람에 대한 배제'라는 발상이 우선하지 않는다는 의미일 것이다. 다른 나라에서 가능한 일이라면 우리나라에서도 가능하지 않을까? 이 점에 대해 한 번쯤은 생각해 볼 필요가 있다. 아마 이 글을 읽는 독자 중에는 무슨 해괴한 말을 하냐며 나를 이상하게 볼지도 모르겠다. 그러나 나는 전혀 불가능한 일은 아니라고 믿는다.

철저하게 A방법으로 맞춰진 사회라면 불가능하겠지만, 다수의 사람이 난데없이 난청을 경험하기도 하고 예기치 못한 상황에서 A방법을 사용하지 못하게 된다면 B방법이 그렇게 편할 수 없다고 여길 사람들이 많을 것이다. 청력을 확인한다는 것은 '쿵쿵 콩콩' 하는 크고 작은 음만 있는 것이 아니라 '메조소프라노의 얇고 날카롭게 천장을 뚫을 것 같은 소리나 바리톤의 묵직한 저음'과 같은 높고 낮은 음에 대한 지각의 여부와 관련되어 있다. 청인(聽人)인 나는 그 어떤 소리 영역에서도 비교적 청력에 자신이 있다. 그러나 지하철에서만은 도착역을 알려 주는 안내 방송의 소리를 잘 듣지 못한다. 그 환경에서만은 유독 그렇다. 그래서 나는 지하철을 탈 때면 습관적으로 먼저 찾는 것이 있다. 바로 도착지명을 알려 주는 안내판의 위치다. 혹시 20여 년 전에 이것이 청각장애인을 위해 설치된 것임을 아는 이들이 얼마나 될까? 이처럼 B방법은 청각장애인만을 위한 수단이 아니다. 우리 모두의 편리한 삶을 위한 하나의 방법으로 통용되는 그런 사회 분위기가 형성되고, 그런 사회 정책이 설계되어 있다면 청각장애인이 왜 의사가 될 수 없겠는가!

그들은 하고 싶은 일을 위해 마음껏 배울 수 있는가?

우리는 벌써 오래전부터 평생교육의 시대를 살아가고 있다. 그래서 마음만 먹으면 직업의 유무와 상관없이 내가 배우고 싶은 것, 내가 배워 두고 싶은 것을 온라인, 오프라인 가리지 않고 마음껏 배울 수 있다. 배운다는 것은 삶을 윤택하게 해 준다. 그런 배움이 성인기까지 확장되었다. 그러나 안타깝게도 A방법이 통용되는 사회에서 청각장애인에게 성인기 교육이란 본인의 의지와 상관없이 좌절을 안겨 준다. 사실 과거에 많은 청각장애인은 목공, 가구 제작, 수예 등 아주 단순하고 제한적이지만 특수학교에서 직업훈련 과정을 거쳤다. 당시만 하더라도 다수의 청각장애인이 특수학교를 통해 교육을 받았기에 학령기 동안에 적성에 맞든 맞지 않든 직업훈련이라는 것을 해 본 경험이 다들 있다. 단 직종은 그들의 의지와 상관없는 학교 운영 편의에 따라, 또는 A방법이 통하지 않는 청각장애인이 묵묵히 해낼 수 있는 그런 것들 위주로 편성되었다. 청각장애라는 특성을 고려했다는 것은 그들의 시각적 민감성, 뛰어난 손재주로 할 수 있는 일들 위주였다. 그나마 이러한 배움도 고등학교를 졸업하는 순간부터는 배울 곳이 전무하다고 해도 과언이 아니다.

A방법 중심으로 살아가는 청인인 나를 돌아보며 비교해 보았다. 성적과 집안 형편이라는 것을 제외하면 내가 대학에 가려고 할 때 '갈 수 있을까? 없을까?'라고 고민해 보지 않았다. 또 대학 입학 후에는 고등학교 시절까지 하지 못했던 외국어 배우기, 다양한 취미 활동을 위해 학원을 찾는 것이 어려운 일은 아니었다. 그러나 청각장애인은 본인의 의지와 상관없이 특수학교 졸업과 동시에 더 이상 배울 수 있는 곳이 없었다. 1999년에서 2000년 사이 IMF로 대규모의 실직자가 발생했을 때의 일이다. 성실하게 직장생활을 했던 한 지인 청각장애인이 다니던 회사에서 권고사직

을 당했다. IMF 직전에는 사회적 분위기가 한 직장에 들어가면 평생 직장으로 여기며 살아갈 때였으니 '권고사직'이 웬 말이냐고 할 때였다. 그러나 그 정도로 경제적으로 급박한 시대였다. 그렇다고 하더라도 '장애로 인한 권고사직이 아닐까?'라는 의문은 완전히 걷히지 않았다. 제도적으로 실업급여가 있었고, 실업자 교육이 있었기에 그 지인은 과도한 의심이나 반응은 자제하고 다음 단계를 밟아 갔다. 그런데 난관에 부딪혔다. 청각장애가 있다고 교육기관에서 입학을 불허한 것이었다. 그곳은 사설 학원도 아니고 다름 아닌 정부로부터 예산을 받는 공공 훈련기관이었음에도 그랬다. 지속적으로 기관에 건의를 한 결과 입학은 받아 주었다. 그러나 수업 내용의 전달이 문제였다. 1999년부터 막 시작한 농아인협회 부설 기관인 수화통역센터의 통역사 및 몇 명의 수어 가능 자원활동가의 지원 등으로 우여곡절 끝에 교육을 끝냈다. 그러나 다시 하라면 혀를 내두를 일로 다가왔던 것 같다.

A방법만이 유일한 사회에서는 B방법을 원하는 사람들에게 끊임없는 희생을 강요하는 것만 같았다. 수화통역센터에 배치된 3명의 통역사는 각종 민원을 신청하는 청각장애인의 통역을 우선 지원해야 함에도 A방법만을 고수하는 공공기관의 책임 회피가 통역사의 희생을 강요하게 된 것이다. 제도가 이렇다 보니 청각장애인이 통역사에게 오히려 미안함을 표현해야 하는 해괴망측한 상황이 되어 버린 것이다. 이런 사례들을 이야기해 주면 "참, 그

러네요. 그러게. 어떻게 그래요?"라고 대답하는 이들이 많았지만, 그것은 20년 가까이 이어져 오고 있다. 이것이 청각장애인의 성인기 교육의 현실이라고 감히 말할 수 있다. '역시 청각장애인은 사회에서 당당한 사회인으로 인정하고 싶지 않은 장애인인가 보다'하는 냉소적인 느낌을 지울 수가 없다.

만약 '지금 상황은 더욱 심각해요'라고 말한다면, 이를 나의 기우로 여길까?

인공와우 수술의 확대로 현재 학령기에 놓인 70% 이상의 많은 청각장애인이 통합교육 현장을 선택하고 있다. 특수학교의 고등부는 전공과를 통해 직업교육을 실시하는 반면, 통합교육을 선호하는 청각장애 학생 중 일반고나 대안학교를 선택한 학생의 경우에는 직업교육에 대한 경험 없이 고등학교를 졸업하게 된다. 물론 최근 통합교육 현장에서는 특수교육 대상 학생들이 거점학교를 통해 직업교육에 대한 경험을 할 수 있도록 훈련 기회를 제공하기는 한다. 그런데 선택사항이다. 상황이 이렇다 보니 학령기에 직업교육의 경험조차 갖지 못하는 청각장애인들이 많을 수밖에 없다. 게다가 졸업 후에는 교육을 받을 수 있는 기관이 매우 한정적이다. 또 거점학교를 통해 배운다고 하더라도 그곳에서는 청각장애인들이 원하는 소통 방법을 통해 지도하기가 어렵다.

어떤 이들은 이렇게 말한다. "일산인가요? 거기에 청각장애인이 직업훈련을 받을 수 있는 곳이 잘되어 있다고 하더라고요.

거기서 훈련받으면 되지 않나요?"라고. 물론 맞는 말일 수 있다. 그러나 모든 청각장애인을 획일화하고, 원치 않는 기숙사 생활을 해야 하는 상황에 대해서는 고려하지 않는 말이기도 하다. 반면에 어떤 청각장애인은 이렇게 말한다. "내가 배우고 싶은 것이 내 집 근처에 있는데, 왜 굳이 그곳까지 가야 돼요?" "거기서 가르치는 것과 내가 배우고 싶은 것이 비슷해 보이지만 조금 달라요."라고.

최근 한 개인의 진로와 적성 설계에서부터 교육과 취업으로 이어질 수 있도록 하는 장애인 취업 성공 패키지라는 취업지원 프로그램이 한국장애인고용공단으로 완전히 이관되어 진행되고 있다. 1단계는 상담 및 진로 설계, 2단계는 직업훈련, 3단계는 취업으로 연결되는 과정이다. 2단계 직업훈련은 3단계 취업을 목적으로 연계되는 과정으로 훈련을 받기는 하지만, 때로는 2단계 직업훈련이 3단계 취업과 직접적인 상관관계가 없을 수도 있다. 고용 현장에서 인력 수요가 충분하지 않거나 장애인을 받아들일 준비가 되어 있지 않다면 어쩔 수 없이 배운 것과 다른 진로를 모색해야 할 때도 있다. 프로그램의 단계는 가능한 한 제대로 된 설계를 하여 설계된 목표점까지 안착하는 것이지만, 최종 목적은 어찌 되었든 취업을 통한 소득 보장, 그리고 사회의 실업률을 낮추는 것일 것이다.

나는 직업재활 전문가로서 청각장애인을 만나기도 하지만 최근에는 수어통역사로 만나는 일이 더 많다. 취업 성공 패키지를 신청하는 몇몇 청각장애인을 통해 성인기 청각장애인의 교육이 녹록하지 않음을 확인할 수 있었다.

경수 씨는 도장, 타일 시공하는 일을 배우고 싶어 했다. 많은 선배가 그 일은 나이 들어서도 꾸준한 수입원이 된다고 말한 것을 듣고 배워 보고 싶어 했다. 그리고 가능한 한 그쪽으로 취직도 하고 싶어 했다. 생각해 보니 1990년대, 2000년대 초반에 만났던 청각장애인 중에는 그쪽 분야에서 일하는 분들이 꽤 많았다. 한동안 기억 속에 지워져 있었는데 나를 일깨워 주었다. 그는 취업 성공 패키지를 진행하는 단계였고, 2단계를 시작하기 전에 어떤 훈련을 할지 찾아보고 있었다. 훈련 기관을 검색하던 중 훈련 기간과 장소가 본인에게 잘 맞는 곳을 발견하고서는 내게 전화 통역을 부탁했다. 청각장애인의 질문과 기관의 답변이 수어로 오갔다. 모든 궁금증이 풀리고 나서야 그분은 "내가 청각장애인인데 내일 가서 신청하겠다."라고 했고, 나는 그것을 그대로 음성 언어로 전달했다. 수화기 건너편에서 당황한 기색으로 "청각장애가 있으면 수업 때 듣지 못한다는 말이잖아요."라고 하더니 곧이어 "담당 선생님께 여쭤 보겠지만 안 될 겁니다."라는 답변이 거침없이 흘러나왔다. 나는 수어통역사이니까 일단 그대로 전달했다. 그런데 내 수어를 보던 청각장애인이 "아, 그래요? 청각장애인이어서 안 된다고요? 그럼 나는 어디서 배워요? 알겠어요. 전화 끊으셔도 돼요."라고 했다. 그의 반응에 너무 속상했다. 학습된 무기력, 학습된 좌절…… 그들은 평생을 이런 환경에서 살아온 것이다. 어느 날 다시 만나게 된 그분은 교육을 시작하게 되었다고 하였다. 실기 시연 등은 눈으로 보면서 할 수 있겠지만 이론 수업은 통역이나 대필 등이 필요하다고 했다. 의지할 수 있는 곳은 수화통역센터뿐이었다. 그런데 센터에도 3명의 인력이 감당하는 민원 통역이 많은 편이었다. 더욱이 교육기관의 수업의 경우에는 하루나 이틀 또는 1~2시간에 그치는 것이 아니라 매일 6시간씩 거의 2개월가량 진행되는 과정이다. 그래서 전 과정을 통역 받는 것은 쉽지 않다며 걱정하였다. 결국 개인이 나름의 방법을 찾아야 했다. 일부는 수화통역센터에 의뢰해서 진행하고, 나머지는 개인 수어통역사에게 요청하는 것이었다. 개인 수어통역사는 일부러 시간을 빼 주는 것이기에 함께 수업받는 다른 청각장애인들과 함께 십시일반으로 돈을 모아 소정의 통역비를 제공하였다고 했다. 교육만으로도 힘들었을 텐데 교육 외적인 일까지 신경 써야 하는 상황이 편치 않았을 것이다.

반면, 일한 씨는 애니메이션을 배우고 싶어 하는 분이었다. 이분은 교육기관에서 수어 통역을 지원할 수는 없지만, 어차피 개인 수업이기 때문에 강사와 일대일로 하면 된다며 흔쾌히 등록을 받아 주었다. 그런데 실소를 금치 못하는 실수는 엉뚱한 곳에서 발견되었다. 1단계를 진행하면서 2단계 준비를 위해 꼭 시청해야 하는 동영상이 있었다. 취업 성공 패키지에 대한 프로그램과 절차를 설명하는 영상이었다. 그것을 시청하지 못했다며 급하게 영상을 돌려보던 그가 물음표 가득한 눈빛으로 "이걸 어떻게 해야 할까요?"라고 했다. 확인해 보니 동영상 속에는 설명하는 음성이 한없이 흘러나오는데, 청각장애인인 그는 그림만 보는 상황이었다. "영상이 끝까지 돌아갔다고 표시가 뜨면 그냥 내가 다음 페이지를 누르면 되겠죠? 내용은 상관없는 거겠죠?"라고 했다. 청각장애인이라면 늘 겪어온 일이다. 우리는 함께 어이없는 웃음을 지었다.

이러한 일들이 청각장애인 본인에 의해 제기되는 민원이라면 더 좋았을 테지만 나는 가만히 있을 수가 없었다. 어쩔 수 없이 내가 노동부 홈페이지로 민원을 제기하였다. 답변은 담당 기관에 전달하겠다는 석 줄의 글뿐이었다. 나도 이런 식의 답변이 이젠 지겹다. 한동안 잊고 있었는데, 얼마 전 불현듯 생각이 나서 사이트에 접속해 동영상을 열어 보았다. 청인인 내가 보기에도 훨씬 알기 쉽고 편리하게 바뀌어 있었다. 이런 것들이 비단 청각장애인만을 위한 일은 아님을 꼭 강조하고 싶다. 유니버설 디자인은 달리 나온 게 아니다.

아무튼 성인기 청각장애인에게 녹록하지 않은 교육 현실……. 그들은 언제까지 청각장애인복지관, 농아인협회, 청각장애특화 훈련센터 등의 청각장애인 전문기관에서 하는 교육에 만족해야 하는지, 청각장애 프레임을 영원히 벗을 수는 없는지 참으로 안타까운 현실이다. 우리의 사고가 바뀌지 않는 한 청각장애인의 이런 삶은 A방법에서 영원히 지속될 수밖에 없을 것이다.

나는 이런 전문가

많은 청각장애인은 구직 정보를 얻기 위해 청각장애 전문기관을 방문한다. 그러나 한정된 직종, 제한된 구인 업체 등 정보가 마땅치 않아서 답답한 마음에 일자리센터 등 노동부 산하기관을 찾기도 한다. 그러면 그곳에서는 다시 한국장애인고용공단을 안내하는 웃지 못할 상황들을 마주친다고 한다. 또 집 근처에 장애인종합복지관이라고 명패가 걸려 있어 찾아갔는데 지적장애인 중심으로 운영되고 있더란다. 그래서 그곳에 취업지원을 요청해도 되는지, 그곳이 본인에게 도움을 줄 수 있는 곳인지 의문이 들기도 한다고 했다. 청각장애인의 장애를 우선시한다면 언제까지나 청각장애 전문기관에 의지할 수밖에 없다. 그렇지만 B방법이 있는 한 그들은 자유 의지가 있는 한 개인일 뿐이다. 그런 이들에게 청각장애 전문기관으로만 안내할 수는 없는 노릇이다.

따라서 직업재활 현장에서 전문가들도 장애인들을 장애라는 프레임에 가두지 않고 '개인'에 초점을 두고 지원하여야 할 것이다. 나도 청각장애인에 대한 경험이 많은 사람이지만 타 장애 영역에 대한 공부를 끊임없이 해야 하고, 그것이 전문가라면 필수적으로 갖추어야 할 소양이라고 생각한다. 나는 책에 나와 있는 텍스트를 통해 피상적으로 알고 있는 지식을 최근에서야 더욱 실감하게 된 일이 있었다. 청각장애를 지닌 뇌병변 장애인이나 지체장애인은 이미 오래전부터 만나왔던 터라 익숙했지만, 노인성 난청이 찾아온 시각장애인이나 망막색소변성증으로 점점 시야가 좁아지는 청각장애인, 지적장애를 지닌 후천성 청각장애인 등을 만나며 참으로 나의 식견이 좁았음을 깨달았다. 그렇게 나는 그동안 무지했다.

그래서 나는 이 자리에서 청각장애인의 고용과 관련한 도움을 주고자 하는 전문가가 되고 싶다면, 혹은 꼭 전문가가 아니더라도 그들을 만날 수 있는 환경에 놓여 있다면 그들에 대한 이해가 선행되어야 한다고 말하고 싶다. 그들이 취업 관련 내담자로 오지 않더라도 내담자의 보호자로도 만날 수 있기 때문에 우리는 늘 준비가 필요하다.

사람들은 저마다 처한 상황과 경험이 다르고 사회적 맥락이 다르듯 청각적 어려움을 겪는 이들의 스펙트럼도 다양하다. 청각장애인을 '장애'의 관점에서 설명한다면 조금 들을 수 있는 사람, 전혀 들을 수 없는 사람, 보청기나 수술을 통해 80~90% 들을 수 있는 사람, 그러한 의료적 조치를 취해도 소리의 강약 유무만 지각할 수 있는 정도로 듣기에 제한적인 사람 등 다양하다. 이들 중 청인처럼 잘 들을 수 있는 사람이 몇 명이냐고 질문한다면 극히 소수다. 특히 인공와우 수술이 성공적이었다고 할지라도 토론 등의 활동에서는 외딴섬에 홀로 뚝 떨어진 사람처럼 소외감을 느낄 수 있다. 또 '정체성' 관점에서 설명한다면 청인처럼 잘 듣고 잘 말하는 것을 중요하게 생각하는 사람들이 있는가 하면, B방법으로도 충분히 소통할 수 있음을 편하게 여기는 사람들도 있다. 그러므로 내가 만나는 청각장애인을 어떠한 관점에서 바라보아야 하는지가 중요하다.

그런데 현재까지도 우리 사회는 청각장애인에 관해서는 A방법 중심의 정책이 주로 이루어져 왔다. 그렇다 보니 A방법인 음성 언어로 소통하는 것만이 최선이라고 생각하는 이들이 생각보다 많다. 각자도생하던 청각장애인이 성인이 되고서야 본인과 비슷한 사람들을 만나 각자의 삶을 들여다보며 충격이나 좌절을 느끼는 사람들도 꽤 많다. 어찌되었든 우리나라에는 청각장애인을 위해 5년에 1번 수백만 원에 달하는 보청기 구입비의 일부를 지원받을 수 있는 보장구 급여 제도가 있다. 또 청능훈련이나 언어치료 등의 추가적인 비용을 개인이 부담해야 하지만 정부에서는 인공와우 수술비 일부를 지원하고 있다. 언어치료를 위한 바우처 제도도 있다. 이러한 지원들은 결국 잘 들을 수 있게 하고, 잘 말할 수 있게 하는 A방법 위주의 정책들에 더 가깝다. 즉, B방법을 선택할 수 있는 기회조차 없다는 말이다. 그렇다고 해서 A방법의 정책들이 무조건 잘못된 것이라고 비판하는 것이 아니다. 청각장애 스펙트럼이 넓기 때문에 그것을 원하는 많은 이도 분명 있다. 효과 없는 보청기, 수술 부작용이나 적응 실패로 무용지물이 된 인공와우 등을 벗어던진 청각장애인들에게 우리 사회는 어떤 정책으로 일관해 왔는지, 그에 대한 병폐가 무엇인지에 대해 아무도 관심을 가져 주지 않는다는 점을 문제로 지적하고 싶다. "청각장애인 1인당 수천만 원의 복지비용이 지원되고 있어요."라고 아무리 말해도 B방법으로 살아가는 청각장애인들에게는 단 1원의 효용성이 없다는 것이다. 대표적인 B방법으로 수어 통역을 떠올릴 수도 있지만, 에이유디사회적협동조합에서 실시하는 쉐어타이핑 서비스도 있다. 이는 비단 청각장애인만을 위한 방법이 아니다. 여러 병인으로 인해 음성 발화가 제한적인 사람들도 많이 이용한다는 통신중계서비스인 '107 손말이음센터'도 있다.

이쯤 되면 이제 청각장애인과 마주해도, 수어를 좀 못해도, B방법에 익숙하지 않더라도 그들과 소통하는 여러 가지 방법을 활용해서 전문성을 충분히 발휘할 수 있을 것이다. 내가 무언가를 반드시 해내야 하는 것은 아니니까. 시도하는 것이 더 중요하니까. 서툴러도 방법을 바꿔 보는 전문가가 되었으면 한다.

그래도 여전히 A방법이어야 한다

우리는 소리 중심의 사회에서 수십 년을 살아왔기 때문에 나를 비롯하여 대부분의 사람이 말로 표현하지는 않지만 뼛속 깊이 A방법이 우선이라고 생각하고 있을 것이다. 어쩌면 "B방법이 있잖아요."라고 하는 말이 억지처럼 비춰질 수도 있다.

다수의 사업체에서는 수어만 사용하는 청각장애인(농인)과 구어를 사용하는 청각장애인(난청)을 동시에 고용한 경우, 어떤 지시사항이 있을 때 구어를 잘하는 청각장애인을 통해서 전달하는 우를 범하곤 한다. 예를 들어, 같은 사업장에서 근무하는 김씨(난청)와 박 씨(농인)는 서로 상하 관계도 아니다. 그럼에도 회사에서 지시사항을 전달할 때마다 김 씨를 통해 박 씨에게 전달한다고 하자. 그 박씨가 당신이라면 어떨까? 아마 이들 사업체에서 어떤 특별한 의도가 있었던 것은 아닐 것이다. 단순히 A방법에 익숙한 사람들이 A방법을 잘 사용하는 청각장애인이 편하기 때문에 그들을 통해 전달한다면 쉬울 것이라는 단순한 사고에서 시작했을 것이다. 그러나 예상 밖에 그로 인한 파장이 커지는 곳들도 있다. 이는 직장 외 다른 공동체에서도 마찬가지다. 혹시 함께 내방한 청각장애인 중 한 분이 구어를 굉장히 잘한다고 해서 내가 그에게 더 집중하지는 않았는지 한 번쯤 생각해 볼 일인 것 같다. 현장에서 A방법을 고수하는 사업체에 청각장애인을 취업시켰다면, B방법을 편해 하는 청각장애인에게 그저 참고만 지내게 한 것은 아닌지 한 번쯤 확인할 필요가 있다.

또 하나의 경험을 공유하고자 한다. 청각장애 전문기관에서 면접지원을 나온 한 전문가가 청각장애인에게 "면접장에서 말을 해. 너, 말을 잘하잖아. 그리고 말을 잘 알아들을 수 있다고 해."라는 말을 끊임없이 반복한다. 이것은 비단 직업재활 현장에서뿐만 아니라 사회 곳곳에서, 청각장애인이 마주하는 일상에서 경험하게 되는 모습이다. 그날은 그 상황이 그것으로 그치지 않았다. 수어 통역으로 만난 내게도 "이 친구가 말을 곧잘 해요. 그걸 인사 담당자에게 좀 어필해 주세요."라며 간곡히 부탁하였다. 수어통역사로 참여한 나는 어필할 수 있는 입장이 아니었다. 그 친구가 하는 수어의 내용을 음성으로 잘 전달하고, 인사담당자의 음성을 수어로 잘 전달하는 것이 수어통역사로 참여한 나의 역할이기 때문이다. 그런데 궁금해졌다. 내가 보기에는 수어로 소통하는 것을 더 편해 하는 것 같은데 나의 오산이었는지가 궁금했다. 또 그 전문가는 수어 없이 말로만 했기에 내게는 소리를 전달할 의무도 있다. 그래서 물어봤다.

"말을 잘하나 봐요? 지금 방금 선생님이 저한테 간곡히 부탁하시네요. 인사 담당자에게 말을 잘한다고 하라고요."

그 친구는 잔뜩 찌푸린 얼굴로 "아니요, 저는 수어가 훨씬 편해요. 저 선생님은 예전부터 알고 지내던 분인데, 말을 잘해야 회사에서 잘 봐 줄 거라고 했어요."라고 답했다.

전적으로 전문가의 잘못이라고만 비판하고 싶지는 않다. 앞서 말했듯이 나를 비롯한 대부분의 사람은 뼛속 깊이까지 음성으로 소통하는 것이 더 편하다고 생각하는 것이 가장 큰 원인이라고 생각한다. 그러나 그렇다고 전문가가 잘한 것은 아니다. 전문가라면 B방법에 대해 어떻게 어필할 것인가에 대해서 사고할 수 있어야 하지 않을까? 나 역시도 그런 환경을 만나게 되면 B방법을 어떻게 어필할 것인가를 충분히 생각해 내지 못하기에 괴롭고, 지금도 여전히 참 부족한 재활상담사라고 생각한다.

내가 아는 그 사업체는 청각장애인을 고용해 오던 곳이었다. 그래서 청각장애인이 말을 잘하는지, 못하는지 등과 같은 A방법을 중요하게 여기는 곳이 아니었다. 동료 간에 얼마나 잘 교류하고 협력할 수 있는지, 문제 해결을 어떻게 하는지를 더 중요하게 여기는 곳이었다. 특히 이 사업체는 처음부터 장애인 전문기관에 의뢰하여 청각장애인을 고용했던 곳이 아니었다. 청각장애인이 놓인 공동체 안에서 협력 업체에 대한 사전 정보를 먼저 입수하였고, 사업체에 직접 구인 여부에 대해 수차례에 걸쳐 연락한 결과 기회를 얻은 곳이었다. 그렇게 고용한 청각장애인이 일을 곧잘 해냈기에 다른 청각장애인에게도 가능성이 열린 곳이었다. 이미 그런 소문은 건장한 청각장애인 사이에서는 누구나가 다 아는 정보였다.

그래서 전문가라고 하는 우리가 가진 선입견이 오히려 그들을 더욱 장애 프레임 속에 가두는 것은 아닌지 늘 자성해야 할 것이다.

B방법을 더 잘 활용할 줄 아는 사람에게 배우자

2019년도 이전까지 대부분의 청각장애인은 '청각장애 2급' 또는 '청각 · 언어 장애 2급', 그리고 아주 때로는 '언어장애 2급'이라는 꼬리표를 달고 살았기 때문에 A방법만 있는 세상에서 청각장애인은 영원한 중증장애인으로 살아야 했다. 2000년부터 물꼬를 튼 중증장애인 직업재활 사업이 청각장애인에게 어떤 변화를 가져올 것인지에 대해 내심 기대했던 시절도 있었다. 당시만 하더라도 현실적으로 청각장애인의 직업재활을 지원하는 기관이나 청각장애인의 직업재활을 지원해 줄 수 있는 인력의 한계가 있었다. 그럼에도 그들에게도 많은 기회가 주어졌으면 하는 바람이었다. 전혀 노력이 없었던 것은 아니다. 청각장애인의 직종 개발을 위한 노력이 다양하게 이루어져 왔고, 그렇게 해서 생겨난 직업군이 바리스타, 네일아티스트 등이다. 그러나 안타깝게도 A방법을 떨쳐 내지 못한 것은 아닌지 조심스레 진단해 본다. 왜냐하면 유능한 바리스타가 되기 위해 발음 연습을 꾸준히 하는 것이 잘못된 것은 아니지만 A방법이 유일하다는 단면을 보여 주는 것 같아 왠지 씁쓸했다.

앞서 청각장애인이 택시 운전기사로 일할 수 있었던 결정적

계기가 무엇이었는가? 애플리케이션을 개발한 이들이 있었기 때문이다는 것을 기억할 것이다. 애플리케이션 '고요한 택시'의 개발자들은 청각장애인에게 덜 필요한 A방법에 집중하지 않았다. 잘 보고, 잘 느끼는 B방법으로 지원하는 방안을 고민했기에 그런 아이디어가 실현되었고, 마침내 청각장애인이 꿈을 펼칠 수 있는 하나의 직업군으로 자리하게 된 것이다.

청각장애인을 고용한 사업체에서는 A방법으로 소통하는 것에 집중하기보다는 청각장애인이 회사 공동체에서 발생하는 다양한 문제를 어떻게 해결할 것인지에 집중하고 있었다. 그렇다면 청각장애인이 직업 현장에서 부딪히게 되는 여러 사례에 대해 사전에 공유하면서 문제 해결력을 높이는 교육이나 모임 활동이 더욱 요구된다는 것쯤은 눈치 챘을 것이다.

또 다른 사업체에서 나는 다시 한 번 뜨끔함을 느껴야 했다. 그날도 면접 통역을 위해 찾은 곳이었다. 이력서를 바탕으로 기본적인 면접이 이루어졌다. 아무래도 생산성을 위해 직무 관련 경험이 중요했기에 그런 내용 위주의 질문과 답변이 이루어졌다. 그런 후 인사 담당자는 잠시 생산 현장을 전체적으로 둘러보라고 하였다. 이때부터 나는 굉장히 희열을 느꼈다. 왜냐하면 청각장애인 중 많은 이가 현장을 궁금해 하는데, 그것을 만족시켜 주는 반응이었기 때문이다. 청각장애인에게 취업 알선을 할 때면 늘 어떤 현장인지를 무척 궁금해 한다. 내가 직접 본 현장이라면 생동감 있게 수어로 표현해 준다. 그러나 전문가로부터 전해 들은 말을 수어통역사로서 전달할 때면 그 생동감이 떨어진다. 그래서 면접이 결정되면 현장도 함께 보았으면 하는 바람을 표현하고는 했다. 그러나 그렇게 해 주는 전문가들은 많지 않다. "……그런 일을 하는 곳인데요. 생산직은 다 비슷하죠……." 이런 형태로 표현하기 때문에 수어 통역을 하기에도 충분치 않은 정보이며, 그것을 전달받은 청각장애인의 궁금증이 해소되기에는 역부족이다. 아무튼 그곳에서는 생산 현장을 모두 둘러보게 해 주었다. 그리고 볼펜과 종이를 주며 이어진 말은 다시 면접장으로 돌아와서 회사나 면접에서 궁금했던 점을 2~3가지 적어 달라고 했다. 그러면서 질문을 종이에 적어 달라고 하는 이유는 채용된 이후에는 직원 간 의사소통을 주로 필담으로 해야 하기 때문이라고 설명해 주었다. 면접하는 청각장애인의 글을 보고 인사 담당자가 어느 정도 이해할 수 있는지, 인사담당자가 글을 읽고 이해한 내용이 맞는지를 확인하기 위한 것이라고 했다. 놀라웠다. 이 사업체 역시 A방법을 한 번도 강요하지 않았다. 그리고 '청각장애인의 문장력은 초등학교 5학년 수준'이라고 지금도 버젓이 인쇄되어 있는 각종 이론서의 부정적 견해가 섞인 태도도 전혀 없었다. 함께 일하게 될 청각장애인과 소통하고자 하는 마음이 진정으로 돋보이는 모습이었다.

어쩌면 우리 전문가들만 여전히 A방법에 갇혀 청각장애인의 능력보다는 '음성 언어 주류의 사회를 살아가려면……'이라는 당위성을 펼치며 A방법을 강조해 온 것일지도 모른다. 이제는 전문가보다 훨씬 더 B방법을 잘 활용하는 이들로부터 우리는 배워야 하고, 생각을 전환해야 할 시점인 것 같다.

우리 사회에서 청각장애인을 온전한 한 개인으로 바라봐 주었으면 한다. 또한 청각장애인이 B방법으로 소통하는 것이 당당하고 당연한 사회가 되기를 바라본다.

11

갈매기 삼 형제

이명진 글

11
갈매기 삼 형제

남자 3명이 있다.

51세, 49세, 48세.

3명 모두 복지관의 관장이었다. 얼마 전까지.

그전에는 모두 사무국장이었다. 장애인복지관에서.

그리고 그보다 더 전에는 한곳에서 함께 근무했다.

물리치료사로, 사회복지사로, 직업재활사로.

장애인복지를 했다.

20년의 인연…….

우리는 우리를 갈매기 삼 형제라고 불렀다.

딱히 이유는 없다.

독수리 5형제가 영향을 줬을까?

어릴 적 우리가 함께 보며 자랐던 그 만화…….

3명이니 삼 형제였고, 독수리가 조류이니 비슷한 조류를 생각하다가 갈매기로 의견을 모았다. 왜 갈매기였을까?

독수리 5형제의 모방이니, 독수리보다 좀 더 멋진 조류를 선택할 수도 있었을 텐데…….

솔개, 매, 부엉이 뭐 그런 새들…….

아마도 우리는 독수리처럼 멋지게 날기는 어렵다는 양심의 발로가 아니었을까?

그렇다고 갈매기를 무시하는 것은 아니다. 괜히 갈매기에게 미안하다.

리처드 바크의 『갈매기의 꿈』을 감명 깊게 읽은 기억도 있다.

어쩌면, 「부산 갈매기」 노래가 본능적으로 작동했을 수도…….

어하튼

우리는 같은 곳에서, 각자의 자리에서, 재미있고 보람 있게 일했다.

재미있게 일할 수 있는 직장을 만난다는 것은 행운이다.
혹은 늘 좋은 것만 남기는 기억의 습성일 수도…….

각자의 자리에 있던 우리가 함께 무언가를 도모한 것은 보건복지부의 사업 평가 때문이었다.

당시 사업 평가 책임자였던 나는 두 사람에게 도움을 청했다.

우리는 열심히 했다.

다들 한때 열심히 할 때에는 모두 그랬겠지만, 우리도 기꺼이 복지관에서 잠을 자 가면서 코피가 터지도록 열심히 했다. 우리는 평가 결과에 만족했다.

그런데…….

기관장은 아니었다. 우리만 만족했다.

서운했다!

아니 어쩌면 상사의 그런 아쉬움이 우리의 연대를 더 끈끈하고 오래가도록 만들어 줬는지도 모른다.

그러다 맏형 첫째 갈매기가 다른 장애인복지관의 사무국장으로 가게 되었다.

그때는 그렇게 스카우트되어 다른 곳으로 점프하는 것이 우리 조직의 유행이었다.

우리는 축하의 술을 마셨다.

얼마간의 시간이 흐른 뒤 첫째 갈매기가 고백했다.

힘들다고…… 후회된다고…….

우리는 위로의 술을 마셨다.

또 시간은 흘렀고, 첫째 갈매기는 적절히 타협하고 적응하면서 힘을 내려놓고 후회도 안 하게 되었다.

인간은 그렇게 인간에 적응하는 모양이다.

그러던 즈음 셋째인 나도 둥지를 떠나게 되었다.

직업재활 전공자 측면에서는 '다 이루었다'라는 건방짐, 직장인 측면에서는 후배의 '앞길 트임'이라는 명분 아래 점프의 유행을 따랐다.

다른 장애인복지관의 사무국장이었다.

둘째 갈매기만 둥지를 지키고 있었다.

첫째의 조언과 둘째의 축하와 함께 떠난 길 위에서

나도 힘들었고 후회했다.

인류의 0.1% 정도만이 생각으로 깨닫는다.

예수님, 부처님, 공자님 같은 분들…….

인류의 1% 정도만 배워서 깨닫는다.

아리스토텔레스, 플라톤, 아인슈타인 같은 분들…….

나머지는 겪고 깨닫는다.

그래서 손발이 고생이라고들 하지 않는가!

갈매기 삼 형제는 좋아하는 일을 오래하는 방법을 안주 삼아 술을 마셨다.

둘째 갈매기는 교장 코스를 가지 않는 50대의 평교사처럼, 복지관에서 상담전문가의 길을 걷고 있었다. 경력만 따지면 복지관에서 다섯 손가락 안에 들었다. 당시 관장님은 그런 둘째 갈매기를 인정해 주었다. 우리는 직책에 연연해 하지 않고 자신의 길을 가는 둘째 갈매기가 자랑스러웠다.

그런 우리의 생각의 연못에 돌멩이가 날아와 파동을 일으켰다.

관장이 바뀐 것이다!

바뀐 관장은 둘째 갈매기를 무책임하다고 생각하는 것 같았다.

둘째 갈매기는 힘들었다. 다른 갈매기처럼 둥지를 떠나지도 않았는데…….

하지만 후회는 하지 않았다. 아직…….

나는 새 직장의 관장에게 물었다.

"모두가 세월이 흐르면 관리자가 되어야 하는 것일까요?"

그분이 말했다.

"반드시 그럴 필요는 없겠지만 좀 더 넓은 시야를 가질 수 있을 겁니다. 그냥 한 가지 업무만 할 때와 이런저런 관리 측면의 업무를 하면서 다시 자신이 하고자 하는 업무를 한다면 다양한 관점의 시야를 가질 수 있지 않을까요?"

억지로 해야 할 필요도 없지만 억지로 피해야 할 필요도 없다는 것이리라.

나는 설득되었다.

사실 나도 그동안 사무국장이면서 본 전공이었던 직업재활을 놓지 않으려고 까치발을 들고 있었다. 하지만 직무적으로 업무를 총괄하면서 직업재활의 실무적 감각을 유지한다는 것은 어려운 일이었다.

결국 나의 직업재활 시계는 멈추었다.

나는 내가 설득된 논리로 둘째 갈매기를 설득했다.

마침 그는 아직 둥지에 남은 것을 후회하고 있었다.

동물도 실망을 한다. 그러나 후회는 인간만 한다.

기회가 왔다.

둘째 갈매기는 다른 장애인복지관의 사무국장이 되었다.

갈매기 삼 형제는 모두 처음 둥지를 떠났다.

변화는 쉽지 않다.

사람이 잘 바뀌지 않는 것처럼 조직도 잘 변하지 않는다.

결국 첫째 갈매기는 두 번째 둥지를 떠났다.

타협도, 적응도 선이 있다.

그는 노인복지관의 관장이 되었다.

둘째 갈매기도 두 번째 둥지를 떠났다.

법인이 복지관 운영을 포기해 버렸다.

법인의 한 순간의 결정은 많은 사람의 삶에 변화를 주었다.

처자식이 딸린 가장이 한순간에 실업자가 되었다.

둘째 갈매기에게 미안했다.

최종 결정은 본인이 했지만 이직에 영향을 줬기 때문이다.

다행히 둘째 갈매기는 곧 다른 장애인복지관의 사무국장이 되었다.

함께 일했던 직장을 떠난 지 10년.

한 사람은 노인복지관의 관장, 두 사람은 장애인복지관의 사무국장이 되었다.

그러던 중 나도 법인의 복지관 운영 의지 미흡을 이유로 두 번째 둥지를 떠나게 되었다.

나도 관장이 되었다. 장애인복지관이었다.

나는 고등학교 1학년 때 재활원(현 장애인 거주시설)에서 일하는 사람이 되고 싶었다.

돌고 돌아서 왔지만 장애인복지관에서 일하게 되었다.

나는 꿈을 이루었다.

멋지지 않은가! 꿈을 이룬 사람이라니!

아니 꿈 너머 꿈을 이루었다.

온 우주의 도움으로 부족하고 낮은 사람이 관장까지 되었으니…….

관장이 구슬치기해서 따는 것은 아니지만 내 능력에 관장이 된 것은 정말 인덕과 운이 9할이라고 생각한다.

내가 떠난 지 삼 년 만에 나의 두 번째 둥지는 법인이 바뀌었다.

깊은 슬픔…….

그렇게 밖에 표현 못하겠다.

직원들에게도 미안했다.

오래도록 마음에 바람이 불었다.

올 해 1월 나는 같은 법인의 노인복지관장으로 발령이 났다.

20년 동안 장애인복지만 하다가 노인복지를 처음하게 되었다.

스스로의 결정이 아니라는 것과 새로운 경험이라는 것이 기대와 마음 비움을 함께 느끼게 했다.

지금의 직장생활을 한마디로 정리하자면,

'모름은 사람을 겸손하게 만든다.'

둘째 갈매기는 세 번째 둥지에서 사무국장을 하다가 관장으로 승진을 했다.

2년 계약 두 번을 하고 지금 그는 실업자가 되었다.

법인과의 관계 문제였다.

이런 단어들이 회전목마처럼 머릿속을 맴돌았다.

'보따리장수' '파리 목숨' '토사구팽'

갈매기 삼 형제는 칠면조가 되었다.

즉, 7명이 되었다는 뜻이다. 7형제가 아니라는 것은 여성도 있다는 뜻!

혹시나 해서 인원 증원에 따른 이름을 미리 지어 두었다.

팔색조

구관조

십자매

일단 여기까지 지어 두었다.

도저히…… 혼성 7명과 독수리, 솔개, 매는 연관 지을 수 없었다.

첫째 갈매기의 멘토와 나의 멘토는 악연이다.

그러나 우리는 서로 그 점을 존중한다.

사실 나는 같이 술을 마시며 그의 멘토를 흉본 적이 있다.

인생은 아이러니하다.

내가 지금 다니는 직장의 면접을 볼 때 그의 멘토가 면접관이었다!

나는 복지관피아, 즉 퇴직공무원이 복지시설 관리자로 오는 것을 싫어 했다.

우리는 바람직한 사회복지 법인이라면 기관 운영의 독립성, 투명성을 보장하고, 지원만 적극적으로 해야 한다고 생각했다.

지금 나의 직장의 최고 관리자는 퇴직공무원이다.

우리가 소속된 법인들은 때때로 그리고 가끔

종교를 강요하거나 정치를 강요했다.

세상은 때때로 그리고 가끔 우리에게

사람을 부탁했고, 돈을 부탁했고, 일을 부탁했다.

내가 추구하는 복지는 자연주의 복지, 생태적 복지, 응달 복지다.

나의 조직 관리의 철학은 '명불급찰 관부지종'이다.

나의 윤리 가치는 '언제나 속도보다 중요한 것은 방향이고, 무언가를 얻는 것보다 중요한 것은 나 자신을 잃지 않는 것'이다.

나는 복지숲을 만들고 싶다.

느리게 가는 아이들을 위해 직업재활시설, 대안학교, 그룹홈이 함께 있는 공간을 만들고 싶다. 거기에 지역사회 공동체도 공존하면 좋겠다.

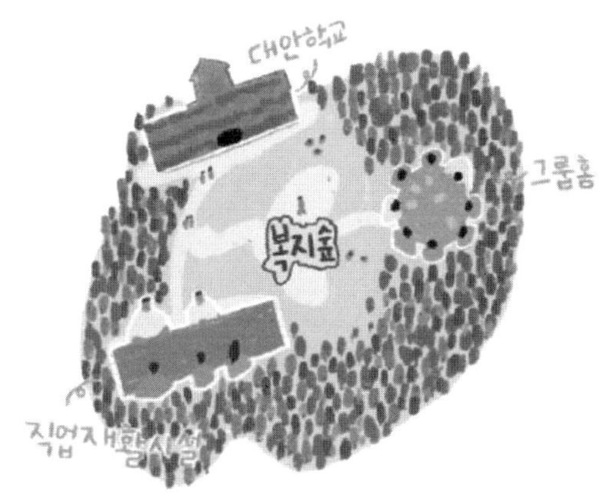

우리는 행복하다.

건강하다는 것은 아프지 않다는 것이다.

불행하지 않다면 우리는 행복하다.

내가 싫어하고 좋아하는 것들은

나의 꿈과 철학과 윤리 가치를 만나 다양한 상황을 만들어 낼 것이다.

나는 그 상황 속에서 행복하고 자유로운 호모사피엔스이고 싶다.

흐르는 강물처럼…….

나에게 글쓰기란

나에게 글쓰기란 행복을 연습하는 과정이다. 나는 행복 연습을 위해 시를 쓰고, 농사를 짓는다. 프로보다 아마추어가 행복하다. 프로를 꿈꾸는 아마추어가 아니라, 글쓰기가 행복한 아마추어다. 어제보다 나은 오늘, 그렇지 못해도 한 발짝 또 한 발짝, 그렇게 한 인생 느리게 더 행복하게…….

– 김정일 작가

내가 쓴 글을 읽고 또 읽기를 수차례 반복하면서 글을 쓰는 것이 얼마나 어려운 과정인지 깨달았다. 하루의 어느 한 순간, 글을 쓰기 위해 온전히 나에게 머무르는 짧은 시간은 나에게 평화로움을 준다.

– 정현주 작가

'구슬이 서 말이라도 꿰어야 보배'라는 말처럼 직업재활 현장의 선후배들의 보배와 같은 사례들이 책으로 나오게 되어 참 기쁘다. 이 글이 사회에 첫발을 내딛는 청춘들에게 작은 공감과 희망이 되길 기대해 본다. 나에게도…….

– 조경은 작가

나의 현장 경험을 글로 쓴다는 것이 처음에는 어색하고 부담이 되었다. 하지만 나의 경험이 누군가에게 조금이나마 도움이 되면 좋겠다는 생각으로 글쓰기에 합류했다. 여러 이용자와의 만남을 통해 경험하고 배운 것이 많지만 그중 내 글의 주인공이 되어 준 상길이에게 참으로 감사하다. 나를 장애인재활상담사로서 성장시켜 준 상길이와 여러 이용자에게 감사한 마음뿐이다. 현장에서 좋은 전문가로 기억될 수 있도록 최선을 다해야겠다.

– 문지영 작가

현장에서 근무하는 동안 '내가 잘하고 있나?'라는 생각을 수도 없이 했다. 어쩌다 나에게 글을 쓸 수 있는 기회가 주어졌고,

글을 쓰며 이용자들과 함께 행복했던 시간들이 생각보다 많았다는 것을 깨달았다. 나의 역량에는 한계가 있지만 그들이 행복해지길 바라는 마음에는 끝이 없다. 글을 쓰는 동안에 일을 하면서 가졌던 그 마음을 잊지 않아야겠다고 다짐했다. 글을 쓰는 과정이 쉽지 않았지만 이런 기회가 주어져서 감사하다.

– 김지혜 작가

막연한 걱정과 두려움으로 시작한 글쓰기는 기분 좋은 설렘과 두근거림으로 마무리되었다. 복잡했던 마음도 따뜻함으로 가득 찼고, 정화되는 느낌이다. '나는 여전히 내 일을 좋아하고 있구나!' 하고 다시 한번 깨닫는다. 그들과 함께하는 일상 속에서 소소한 행복을 느끼며, 내가 가던 길을 계속 가야 할 것 같다.

– 하라희 작가

글쓰기란 참 어렵다. 하지만 글쓰기는 나의 삶을 돌아보고 새롭게 도전할 수 있는 용기를 준다.

– 이성하 작가

오랫동안 이 일을 했고, 참으로 많은 일이 있었다. 그중 한 분이 떠올랐다. 당사자와 부모님께 당신들의 이야기를 써 보겠다고 허락을 구했다. 그러는 동안 시간이 흘렀고, 상황은 또 변했다. 작년 이맘때쯤 써 내려갔던 이야기인데, 1년 동안에 많은 것이 변했다. 짧은 글이지만 글쓰기 과정은 힘든 일이었다. 글을 쓰면서 생각을 글로 표현하는 것이 어렵다는 것을 느꼈다. 그렇지만 하루하루를 열심히 살아가는 찬성 씨를 응원하면서 글쓰기에 참여할 수 있었음에 감사하다.

– 심은애 작가

글쓰기란 '……'이다. 말은 항상 글을 앞선다. 글쓰기는 말처럼 쉽지 않았지만 글을 마무리해서 좋다. 독촉장을 더 이상 받지 않아도 되어서 행복하다.

– 김학천 작가

대학교 3, 4학년 때부터 더듬더듬하는 수어 실력으로 농인의 취업 통역을 가끔 하게 되었다. 그 인연으로 농아인협회에서 직업재활을 전공한 여느 선후배들과는 조금 다른 길을 걸었다. 그 덕분에 농인(청각장애)의 자녀와 부모 등 성인 농인을 둘러싸고 있는 가족 체계, 직장 체계, 사회 시스템을 접하며 뜻하지 않게 시야를 넓히는 기회의 시간을 보낼 수 있었다. 그리고 수어를 좀 더 깊이 있게 공부하면서 소수문화 집단으로서의 농인과 청각장애인을 조금이나마 진정으로 이해하게 되었다.

이 글을 쓰면서 농인을, 청각장애인을 '잘 듣고 잘 말하는 게 제일'이라는 세상의 잣대에 우리와 같은 전문가가 흔들리지 않고 사회가 변화하도록 이끌어 갈 에너지를 만들어 가기를…….

- 송미연 작가

초심을 돌아보고, 복지의 씨앗을 심는 데 숨 고르는 시간이 되기를 바라 봅니다. 날마다 좋은 날입니다.

-이명진 작가

서평

'느린 혁명' 안에는 두 가지의 성장이 있다.

이 책의 주인공으로 등장하는 태윤이와 준호, 지원이…….

그리고 오늘도 묵묵히 최선을 다하고 있을 현장의 직업재활 종사자들…….

누군가에게 책을 선물한다는 것은 사람을 소개하는 것만큼이나 참 조심스러운 일이다. 그러나 나는 기꺼이 직업재활을 시작하는 후배들과 동료들에게 이 책을 선물하고 싶다.

- 남권우(부천시장애인직업재활시설 원장)

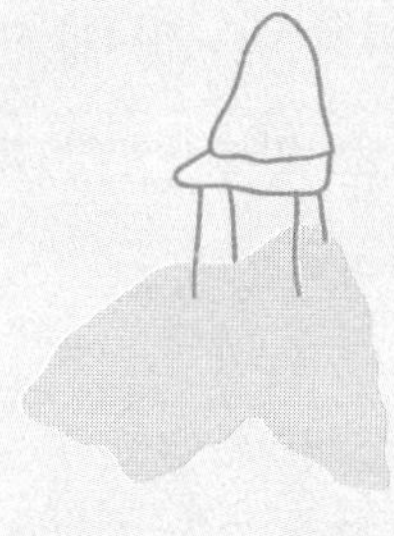

이 책을 읽으면서 '직업재활 현장은 서로가 성장하는 삶의 터전'이라는 것을 가장 먼저 생각했습니다. 취업을 준비하는 장애인도, 이들의 취업을 위해 매진하는 실무자도, 우리 모두가 서 있는 지역사회도 공존(共存)의 동반자가 될 수 있다는 것……. 이 책은 그 방법을 알려 주는 생생한 지침서와 같습니다. 우리는 현대 사회를 살아가면서 가시적으로 빠르게 나타나는 성과와 변화에만 주목합니다. 그러나 때론 느린 혁명만큼 마음을 움직이는 변화는 없습니다. 이 책을 통해 느린 혁명이 주는 공감과 기쁨 그리고 뿌듯함을 느껴 보길 바랍니다.

- 박광옥(성공회대 외래강사, 현장을 공부하는 연구자)

우리나라에 직업재활이라는 학문이 소개된 지 30년이 지났다. 직업재활은 우리 사회 내 다양한 현장에서의 실천을 통하여 그 결실이 맺어진다. 이 책은 직업재활 현장에서 본연의 일을 진실되게 실천하고 있는 이들의 이야기다. 이 시대를 살아가면서 함께 삶을 나누는 순수한 모습들이 들녘에 서로 기대어 서 있는 나무들처럼 아름답다. 이 책에는 발달장애인들과 현장 전문가들의 진솔한 이야기가 한 땀 한 땀 잘 꿰어져 있다.

- 박희찬(가톨릭대학교 특수교육과 교수)

1988년 대구대학교에서 재활과학대학을 설립하면서 직업재활학과가 탄생했다. 그 당시 대구대학교에는 이미 특수교육학과가 있었으나 장애인들의 성인기 삶을 지원하는 데는 역부족이라 생각했다. 미국에서 직업재활을 공부한 나로서는 직업재활이야말로 장애인들의 성인기에 있어 매우 중요한 역할을 할 수 있으리라 믿었다. 이렇게 탄생한 대구대학교 직업재활학과에서는 30년이 넘는 시간 동안 많은 졸업생을 배출했다. 그 시간 동안 많은 변화를 겪었다. 그중 가장 의미 있는 변화는 '직업재활사' 민간자격이 2018년부터 '장애인재활상담사' 국가자격으로 바뀐 것이다.

장애인재활상담사는 『느린 혁명』의 저자 11명처럼 다양한 분야에서 장애인들과 함께 하는 삶을 살고 있다. 나는 이를 매우 자랑스럽게 생각한다. 사람들은 누구나 서투른 만남과 실수와 갈등을 겪으며 성장한다. 이 책은 다양한 직업재활 분야에서 일하는 장애인재활상담사들의 성장기 같다는 측면에서 그 어떤 전공 서적보다 현실감 있고 생동감 넘치는 교육자료라 생각한다. 이 책을 접하는 일반 시민들도 새로운 도전과 희망을 꿈꾸는 행복감을 충분히 느끼리라 확신한다. 더 많은 장애인재활상담사들의 이야기가 세상에 전해지길 기원한다.

- 강위영(대구대학교 명예교수)

저자 소개

김정일

장애인복지관에서 19년 근무했음

현 직업평가연구소 소장

전자우편: basecamp12@nate.com

정현주

직업재활 현장에서 22년 동안 근무하고 있음

현 샘물자리 원장

전자우편: anold92@hanmail.net

조경은

한국장애인고용공단에서 22년 동안 근무하고 있음

현 한국장애인고용공단 근무

전자우편: jkeshalom75@naver.com

문지영

장애인복지관에서 7년 동안 근무하고 있음

현 남구장애인복지관 근무

전자우편: jiji0077@naver.com

김지혜

장애인복지관에서 9년 동안 근무하고 있음

현 기장장애인복지관 근무

전자우편: mmgoldl@naver.com

하라희

직업재활 현장에서 9년 동안 근무하고 있음

현 부산광역시장애인일자리통합지원센터 근무

전자우편: harahee05@naver.com

이성하

특수학교에서 20년 동안 근무하고 있음

현 대구보건학교 근무

전자우편: 1785br@naver.com

심은애

장애인복지관에서 20년 동안 근무하고 있음

현 구미시장애인종합복지관 근무

전자우편: cong2dang@naver.com

김학천

직업재활 현장에서 21년 동안 근무하고 있음

현 창녕군장애인종합복지관 사무국장

전자우편: rehab74@naver.com

송미연

수어통역 · 직업재활 현장에서 16년 동안 근무하고 있음

현 프리랜서 수어통역사

전자우편: ai3song@hanmail.net

이명진

직업재활 · 노인복지 분야에서 20년 동안 근무하고 있음

현 웅상노인복지관 관장

전자우편: pusanvr@daum.net

직업재활 현장 에세이

느린 혁명

2020년 11월 5일 1판 1쇄 인쇄
2020년 11월 10일 1판 1쇄 발행

지은이 • 김정일 · 정현주 · 조경은 · 문지영 · 김지혜 · 하라희
이성하 · 심은애 · 김학천 · 송미연 · 이명진
펴낸이 • 김진환
펴낸곳 • ㈜ 학지사
04031 서울특별시 마포구 양화로 15길 20 마인드월드빌딩
대표전화 • 02)330-5114 팩스 • 02)324-2345
등록번호 • 제313-2006-000265호

홈페이지 • http://www.hakjisa.co.kr
페이스북 • https://www.facebook.com/hakjisabook

ISBN 978-89-997-2229-5 03330

정가 12,000원

이 도서의 국립중앙도서관 출판시도서목록(CIP)은 서지정보유통지원시스템 홈페이지(http://seoji.nl.go.kr)와 국가자료공동목록시스템(http://www.nl.go.kr/kolisnet)에서 이용하실 수 있습니다.
(CIP 제어번호: CIP2020043911)